Heike Kügler-Anger

Veganes fürs Fest

Heike Kügler-Anger

Veganes fürs Fest

Weihnachtliche Rezepte aus aller Welt

illustriert von Sabine Metz

pala verlag

Inhalt

Weihnachten – das wundervolle Wunder

Ein frommer Zauber hält mich wieder,
Anbetend, staunend muss ich stehn;
Es sinkt auf meine Augenlider
Ein goldner Kindertraum hernieder,
Ich fühl's, ein Wunder ist geschehn.

»Weihnachtslied«
Theodor Storm, 1817 – 1888

Liebe Leserin, lieber Leser!

Kennen Sie das auch? Wenn die Nächte länger werden, die ersten nach Zimt, Vanille und anderen feinen Gewürzen duftenden Plätzchen in den Auslagen der Bäckereien auftauchen, die ersten Holzbuden für den Weihnachtsmarkt zusammengezimmert werden und die britische Popgruppe »Wham!« mittels des Weihnachtsohrwurms »Last Christmas« schwört, dieses, ja dieses Weihnachten – zumindest in Liebesdingen – wirklich alles besser zu machen –, da überkommt uns der Wunsch, es ihnen gleichzutun. Dieses Weihnachten, so schwört man sich, wird, wenn auch nicht alles, so doch vieles anders, besser, schöner und besinnlicher.

Frohen Herzens und beschwingten Schrittes eilt man nach Hause, kocht sich einen feinen Weihnachtstee und knabbert am ersten Zimtstern der Saison. Dann beginnt man, den Vorsatz in die Tat umzusetzen, und schreibt eine Liste:

Dieses Jahr lässt man sich vom Stress und von der Hektik, von denen spätestens mit dem Anzünden der ersten Adventskerze unweigerlich das ganze Land überrollt wird, nicht anstecken. Dieses Jahr nimmt man sich Zeit. Für sich, den Liebsten oder die Liebste, für die lieben Kleinen oder schon etwas Größeren, für Tante Inge, Opa Peter, die alleinstehende Nachbarin im dritten Stockwerk, für den netten Kollegen im Büro, für

alle, die einem etwas bedeuten. Leckere Plätzchen wird man backen. Das Heim mit selbst gebasteltem Adventsschmuck füllen. Geschenke wird man nicht kaufen, sondern selbst anfertigen. Und dann wird man sich wieder einmal richtig gemütlich mit der Familie zusammensetzten. Damit das kommende das schönste aller Weihnachtsfeste wird.

Daran glaubt man fest und wohlig. Zumindest so lange, bis das Telefon klingelt oder die Kinder von der Schule heimkommen. Bis das Postfach des Computers überquillt oder der Hund Gassi gehen muss. Und ab diesem Zeitpunkt läuft fast alles wie alle Jahre wieder.

Etwa vier Wochen später bricht dann der Morgen des vierundzwanzigsten Dezember an. Rasch beginnt man, von den Anforderungen der vergangenen Wochen schon etwas erschöpft, die letzten Vorkehrungen für das Fest zu treffen. Frisches Brot muss vom Bäcker geholt werden, die Oma wartet am Bahnhof und, ach herrje, der Weihnachtsbaum muss ja auch noch geschmückt werden!

Die Stunden, die Minuten verfliegen, viel zu schnell, viel zu flüchtig, wie man meint.

Dann senkt sich die Dämmerung über das Land. Der Alltagslärm in den Straßen und Gassen flaut langsam ab. Im Fenster gegenüber leuchtet die erste Kerze auf. Und dann werden es von Fenster zu Fenster, von Haus zu Haus, von Straße zu Straße immer mehr, bis ein goldener Schein uns alle einhüllt. Der erste Stern funkelt am Himmel. Die Glocken der Kirchtürme von nah und fern beginnen zu läuten. Wir halten inne, lauschen, staunen, geben uns ganz dem wundervollen Zauber hin: Hört doch, seht doch, fühlt doch, es ist wieder Weihnachten!

Zu jedem Wunder gehört auch Wandlung. Und der Wille, es als solches anzunehmen. Wunder funktionieren, wenn wir bereit sind, sie zu erfahren, zu fühlen und zu leben. Eines der größten Wunder der vergangenen Monate ist für mich, wie sich die Sicht auf das, was täglich auf unseren Tellern landet, in der breiten Öffentlichkeit langsam verändert. Natürlich wussten wir, dass es Massentierhaltung, Schadstoffe in Lebensmitteln, Gammelfleisch, Schummelschinken und Analogkäse gibt. Wir waren vielfach nur noch nicht bereit, dieses Wissen in die erforderlichen Taten umzusetzen. Doch dann wurde die erste Kerze der Veränderung entzündet. Und seitdem werden es täglich mehr. Diese Kerzen haben eine Botschaft. Sie brennen für den ehrlichen Umgang mit Mensch und Tier. Für wertvolle Lebensmittel. Für den Schutz unserer kostbaren Ressourcen. Für eine gerechtere Welt. Und einen Planeten, auf dem auch unsere Kindeskinder noch eine wunderbare Weihnachtszeit erleben werden.

Mit diesem Buch möchte ich meine persönliche Weihnachtskerze anzünden und an Sie weitergeben. Es ist mir eine Herzensangelegenheit, zu zeigen, dass Weihnachten sowohl für Mensch als auch für Tier eine Freude sein kann. Weil kein einziges Tierprodukt auf den festlich geschmückten Weihnachtstisch kommt. Alle Köstlichkeiten, die Sie ab Seite 16 vorfinden, ob Salat oder Suppe, Hauptspeise oder Beilage, Dessert oder Getränk, sind komplett vegan. Die Zutaten, die Sie benötigen, um die Rezepte in Ihrer Küche nachzukochen, können Sie in jedem gut sortieren Biosupermarkt erwerben. Viele der Gemüsearten und Obstarten, die das Festmahl ausmachen, sind außerdem auf dem Wochenmarkt oder im Biohofladen Ihres Vertrauens zu finden. Mit dem Kauf von heimischen

Produkten können Sie sich und Ihrer Region zusätzlich etwas Gutes tun – und das nicht nur zu Weihnachten.

Wenn Sie dann mit den Menschen, die Ihnen lieb und wertvoll sind, am Festtisch zusammensitzen und sich mit leckeren veganen Speisen verwöhnen, spüren Sie vielleicht, wie etwas von dem Wunder, das Weihnachten ausmacht, auf Sie übergeht. Lassen Sie sich einfangen vom Zauber, den schon Theodor Storm beschrieb. Und vielleicht spielt dann im Hintergrund ganz leise das Radio »Last Christmas« von »Wham!« … Und dann wissen Sie: »Last Christmas« ist schon lange vorbei. Aber »this Christmas« ist hier und heute. Und heute erleben Sie frohe Weihnachten für Mensch und Tier. Was kann es Besseres geben?

Veränderungen geschehen. Wir müssen sie nur zulassen.

Ich wünsche Ihnen eine wundervolle Weihnachtszeit.

Ihre

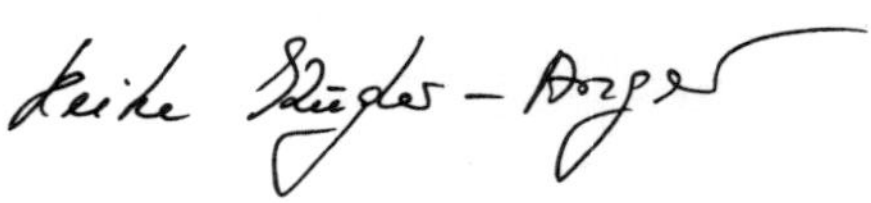

PS: Tante Inge, Opa Peter, die Nachbarin aus dem dritten Stockwerk und der nette Kollege aus dem Büro leben eigentlich nicht vegan? Kein Problem! Die Rezepte sind so ausgelegt, dass es auch ihnen schmecken wird. Ist das nicht wunderbar?

Hinweise zu den Rezepten

Die Vorbereitungen

Gerade zu den Festtagen lohnt es sich, im Voraus zu planen. Stellen Sie Ihr Menü für den Festtag oder Ihre Menüauswahl für die Festtage anhand der Rezepte zusammen und besorgen Sie rechtzeitig die Zutaten.

Manche der Speisen lassen sich gut am Vortag zubereiten und brauchen zum Festessen lediglich aufgewärmt oder aus dem Kühlschrank geholt zu werden.

Lesen Sie das Rezept vor dem Kochen aufmerksam durch und halten Sie alle Zutaten sowie Werkzeuge, die Sie zum Kochen benötigen, auf der Arbeitsfläche bereit. Bleiben Sie gelassen.

Die Mengenangaben

Soweit nicht anders angegeben, sind die Rezepte für **vier Personen** berechnet.

Esslöffel und **Teelöffel** sind beim Messen stets gestrichen gefüllt.

Die Angaben zur Menge der verwendeten Gewürze und Zwiebeln, des verwendeten Knoblauchs und Ingwers dürfen Sie als **Richtwerte** verstehen. Entscheiden Sie bitte im Einzelfall, was Ihnen schmeckt und bekommt und wie viel Sie davon verwenden möchten.

Die Zutaten

In den Rezepten werden **verarbeitete Zutaten** wie Blätterteig, Senf, Margarine, Sojasauce und Worcestersauce, gekörnte Gemüsebrühe, Zartbitterschokolade, Marzipanrohmasse, Dinkelzwieback sowie einige Gewürzmischungen verwendet. Bitte beachten Sie, dass damit Produkte mit ausschließlich pflanzlichen Bestandteilen gemeint sind. Lesen Sie im Zweifelsfall die Zutatenliste des Produktes oder wenden Sie sich an den Hersteller.

Meersalz ist ein aus Meerwasser in Salzgärten gewonnenes Speisesalz, das den Eigengeschmack der Zutaten besonders gut zur Geltung bringt. Falls Sie kein Meersalz verwenden möchten, können Sie selbstverständlich mit Steinsalz oder Siedesalz würzen. Dosieren Sie bei der Verwendung von anderen Speisesalzsorten jedoch etwas vorsichtiger als im Rezept angegeben und würzen Sie lieber nach.

Frische **Chilischoten** werden in einigen Gerichten wegen ihrer würzigen Schärfe verwendet. Damit die Schärfe für Zunge und Gaumen erträglich bleibt, entfernen Sie bitte die weißen Kerne und Samenstränge im Inneren der Schote vor dem Zerkleinern. Zum Verarbeiten der Chilischoten empfiehlt es sich, Küchenhandschuhe zu tragen oder sich im Anschluss sehr gründlich mit Seife die Hände zu waschen. Falls Sie keine frischen Chilischoten mögen oder vertragen, würzen Sie mit getrockneten Chilischoten aus der Mühle oder mit scharfem Paprikapulver.

Johannisbrotkernmehl wird aus den gemahlenen Samen des Johannisbrotbaumes gewonnen. Es kann in der warmen Küche zum

Andicken von Suppen, Saucen, Aufläufen und gekochten Süßspeisen oder Backwaren verwendet werden. Mit kalten Flüssigkeiten verrührt, bindet es Dressings, Mayonnaisen und pürierte Fruchtzubereitungen. Sofern vom Hersteller nichts anderes angegeben ist, reicht 1 gestrichener TL Johannisbrotkernmehl (etwa 2 g) für 200 ml kalte Flüssigkeit oder 200 ml Sauce. Bei Suppen wird 1 TL Johannisbrotkernmehl pro 400 ml Flüssigkeit zugegeben. Um Klümpchenbildung zu vermeiden, kann das Mehl bei der Zugabe durch ein Sieb gestrichen werden.

Die Verwendung von Sojaprodukten

Bis auf eine Ausnahme sind alle Rezepte so ausgelegt, dass Sie, wenn Sie auf Soja allergisch reagieren oder Sojaprodukte nicht mögen oder vertragen, auf sojafreie Alternativen zurückgreifen können. Entscheiden Sie bitte selbst, ob Sie zum Beispiel anstelle von Sojadrink Reisdrink oder Haferdrink, anstelle von Sojasahne Hafersahne oder Reissahne verwenden möchten.

Wie Sojasauce jeweils ersetzt werden kann, ist in den betreffenden Rezepten angegeben.

Die Verwendung von Agar-Agar

Agar-Agar ist ein rein pflanzliches Gelier- und Bindemittel, das vorwiegend aus Rotalgen gewonnen wird und eine wesentlich stärkere Gelierkraft als Gelatine besitzt. Agar-Agar wird in der Regel in Pulverform angeboten und kann im Reformhaus, im Biofachgeschäft wie auch im gut sortierten Supermarkt bezogen werden. Da die Gelierfähigkeit des Agar-Agars von Anbieter zu Anbieter schwanken kann, empfiehlt es sich, die Empfehlungen des Herstellers vor der Verwendung zu lesen. Damit Agar-Agar seine Gelierkraft entfalten kann, muss es zuvor unbedingt in sprudelnd kochender Flüssigkeit gekocht werden.

Die Backtemperaturen

Die angegebenen Temperaturen und Backzeiten gelten für einen Elektrobackofen mit Umluftfunktion. Wenn Ihr Ofen über eine andere Art der Hitzezufuhr verfügt, richten Sie sich bitte nach den Herstellerangaben für Ihren Ofen. Sofern im Rezept nicht ausdrücklich anders gefordert, sollten Sie den Backofen auf die vorgegebene Temperatur vorheizen.

»Fröhliche Weihnacht überall!«
tönet durch die Lüfte froher Schall.
Weihnachtston, Weihnachtsbaum,
Weihnachtsduft in jedem Raum!

»Fröhliche Weihnacht überall!«
August Heinrich Hoffmann von Fallersleben, 1798 – 1874

Vorspeisen und Salate

Kommen Sie! Folgen Sie mir! Treten Sie ein!

Das Esszimmer und der Tisch sind festlich geschmückt. Aus der Küche dringen verlockende Düfte nach fein gegarten Zutaten. Mit Bedacht und Achtsamkeit zusammengestellt. In jedem der Happen und Häppchen, die das große Festmahl gleich einleiten werden, steckt eine gehörige Portion Liebe. Und die Freude, dass wir dies gemeinsam genießen dürfen. Fröhliche und genussvolle Weihnacht überall!

Ausgebackene Champignons im Teigmantel

Ausbackteig
175 g Weizenmehl (Type 1050)
2 TL Meersalz
5 MSP frisch gemahlener weißer Pfeffer
250 ml Eiswasser
2 kleine Eiswürfel

500 g etwa gleich große (braune) Champignons
120 – 150 ml pflanzliches Bratöl zum Frittieren

- Für den **Ausbackteig** das Mehl mit dem Salz und Pfeffer vermischen. Das Wasser und die Eiswürfel hinzufügen und alles zu einem glatten Teig verrühren. (Die Eiswürfel schmelzen während des Ausbackens der Champignons und sorgen dafür, dass der Teig länger kalt bleibt.)
- Die Champignons mit feuchtem Küchenkrepp reinigen und die Stiele einkürzen. Größere Champignons halbieren.
- Das Öl in einer hochwandigen Pfanne erhitzen.
- Die Champignons durch den Ausbackteig ziehen und im heißen Öl frittieren, dabei eventuell einmal wenden.
- Die Champignons kurz auf etwas Küchenkrepp abtropfen lassen und servieren.

Tipp: Servieren Sie die Champignons zum Beispiel mit der Knoblauchtunke mit Schalotten von Seite 121 oder der Kräuterremoulade von Seite 115 und etwas Baguette oder Ciabatta.

Chicoréesalat mit Birnen, Trauben und Nüssen

100 g Pekannusskerne, Walnusskerne oder Haselnusskerne
500 g Chicorée (3 – 4 Stück)
2 Birnen
100 g blaue Weintrauben ohne Kerne

Dressing
Saft einer halben Zitrone
4 EL fein gehackte krause Petersilie
2 EL fein gehackter Schnittlauch
2 EL Olivenöl
1 EL Walnussöl
1 EL Kürbiskernöl
1 EL süßer Senf
1 TL Roh-Rohrzucker
Meersalz
frisch gemahlener schwarzer Pfeffer

- Die Nusskerne in der trockenen Pfanne kurz anrösten, bis sie duften. Danach etwas abkühlen lassen und grob hacken.
- Die Chicorée der Länge nach halbieren und die bitteren Strünke keilförmig herausschneiden. Die Chicorée in feine Streifen schneiden.
- Die Birnen vierteln, entkernen und mundgerecht würfeln. Die Weintrauben halbieren.
- Chicorée, Birnen, Trauben und Nüsse in eine Schüssel geben.
- Für das **Dressing** alle Zutaten miteinander verrühren und dabei kräftig mit Salz und Pfeffer würzen. Das Dressing zum Salat geben, vorsichtig vermischen und servieren.

Fruchtiger Feldsalat mit karamellisierten Zwiebeln

Karamellisierte Zwiebeln
3 rote Zwiebeln
2 – 3 EL Rapsöl
1 TL Roh-Rohrzucker
1 TL Meersalz
1 EL Sherry-Essig
frisch gemahlener weißer Pfeffer

200 g Feldsalat
1 rosa Grapefruit

Dressing
2 EL Rapsöl
2 EL Kürbiskernöl
1 ½ EL Sherry-Essig
1 EL süßer Senf
3 EL Wasser
3 EL fein gehackte glatte Petersilie
Meersalz
frisch gemahlener schwarzer Pfeffer

- Für die **karamellisierten Zwiebeln** die Zwiebeln schälen, halbieren und in feine Halbmonde schneiden. Das Öl in der Pfanne erhitzen und die Zwiebeln darin kurz scharf anbraten. Die Temperatur deutlich reduzieren und Zucker und Salz hinzufügen. Die Zwiebeln gut 5 Minuten schmoren.
- Den Essig hinzufügen, mit etwas Pfeffer würzen und 2 – 3 weitere Minuten schmoren.

- ❄ Den Feldsalat waschen, putzen und gut trockenschleudern.
- ❄ Die Grapefruit so weit schälen, dass auch die weiße Innenhaut mit entfernt wird. Danach in feine Scheiben schneiden.
- ❄ Für das **Dressing** alle Zutaten verrühren und dabei herzhaft mit Salz und Pfeffer würzen.
- ❄ Zum Servieren den Feldsalat vorsichtig mit dem Dressing vermischen und auf einen großen Servierteller geben. Zuerst die Grapefruitscheiben und dann die Zwiebeln darauf verteilen.

Lauchpäckchen mit Birne und Cranberrys

Für 8 Lauchpäckchen
1 Zwiebel
2 – 3 EL Rapsöl
3 (nicht zu dicke) Stangen Lauch
1 Birne
4 EL mittelfein gehackte Walnusskerne
3 EL getrocknete Cranberrys
2 TL gemahlene Kurkuma
1 TL Sherry-Essig
3 EL Maismehl
3 EL fein gehackte krause Petersilie
Meersalz
frisch gemahlener schwarzer Pfeffer
1 Scheibe frischer Blätterteig (etwa 250 g), ersatzweise tiefgekühlter und aufgetauter Blätterteig
etwas Mehl für die Arbeitsfläche
2 EL Sojadrink oder Reisdrink

- Die Zwiebel schälen, fein hacken und im heißen Öl anschwitzen.
- Den Lauch der Länge nach halbieren und in feine Halbmonde schneiden. Zur Zwiebel in die Pfanne geben und so lange schmoren, bis er in sich zusammenfällt.
- Die Birne entkernen, fein würfeln und mit Walnusskernen, Cranberrys, Kurkuma und Essig zum Lauch geben. Nochmals 2 – 3 Minuten schmoren.
- Das Maismehl und die Petersilie unterziehen und 1 – 2 weitere Minuten schmoren.

❄ Das Lauchgemüse herzhaft mit Salz und Pfeffer abschmecken und vor der Weiterverwendung abkühlen lassen.
❄ Den Blätterteig auf der leicht bemehlten Arbeitsfläche ausbreiten und in 8 gleich große rechteckig Stücke schneiden. (Den tiefgekühlten und aufgetauten Blätterteig zu einem großen Rechteck ausrollen und dann in 8 gleich große Stücke schneiden.)
❄ Das Lauchgemüse auf den Blätterteigstücken verteilen. Die Seiten der Stücke übereinanderklappen, sodass kleine Päckchen entstehen. Die Ränder gut andrücken und die Päckchen auf ein mit Backpapier ausgelegtes Backblech geben.
❄ Mit dem Sojadrink bestreichen und im Backofen bei 200 °C 25 – 30 Minuten backen, bis die Päckchen schön gebräunt sind.

Rote-Bete-Carpaccio mit Datteln und Erdnüssen

4 kleine Rote Beten (etwa 500 g)
3 Frühlingszwiebeln
10 getrocknete und entsteinte Datteln
Meersalz
frisch gemahlener schwarzer Pfeffer
50 – 60 g geröstete, mittelfein gehackte Erdnusskerne ohne Salz
4 – 5 EL fein gehackte glatte Petersilie

Dressing
4 EL Olivenöl
2 EL Kürbiskernöl
3 EL roter Balsamessig
2 – 3 EL Wasser

❄ Die Roten Beten unter klarem Wasser abbürsten. In Alufolie einschlagen, in eine Auflaufform legen und in den nicht vorgeheizten Backofen geben. Die Temperatur auf 200 °C einstellen und die Roten Beten etwa 90 Minuten oder so lange, bis sie weich sind, garen. Aus der Alufolie nehmen und etwas abkühlen lassen.
❄ Die Roten Beten schälen und in dünne Scheiben schneiden. Diese auf einem großen Teller oder einer Servierplatte fächerförmig anordnen.
❄ Die Frühlingszwiebeln und Datteln in dünne Scheiben schneiden und auf den Roten Beten verteilen. Mit reichlich Salz und Pfeffer würzen.
❄ Mit den Erdnusskernen und der Petersilie bestreuen.

❄ Die verbliebenen Zutaten zu einem **Dressing** verrühren und die Roten Beten damit überträufeln. Das Carpaccio vor dem Servieren 15 Minuten ziehen lassen.

Tipps: Die süßlich schmeckende Rote Bete kann mitunter eine gehörige Portion Salz vertragen. Wenn Sie unsicher sind, wie viel Salz Sie verwenden sollen, würzen Sie lieber vorsichtig und stellen Sie zum Nachwürzen einen Salzstreuer mit auf den Tisch.
Wenn Ihre Zeit zum Vorbereiten der Speisen sehr knapp ist, können Sie die Roten Beten am Vortag garen oder auch gekochte und vakuumverpackte Rote Beten verwenden.

Zucchinirondells mit roter Linsen-Aioli

Für etwa 12 Zucchinirondells

Rote Linsen-Aioli
175 g rote Linsen
300 ml Wasser
2 – 3 Knoblauchzehen
Saft einer kleinen halben Zitrone
etwa 160 ml Sojadrink oder Reisdrink
2 – 3 EL Olivenöl
Meersalz
frisch gemahlener weißer Pfeffer

Zucchinirondells
2 große, dicke Zucchini
2 – 3 EL Olivenöl
Meersalz
frisch gemahlener weißer Pfeffer
mildes Paprikapulver
1 kleine rote Paprikaschote

- Für die **Linsen-Aioli** die Linsen mit dem Wasser zum Kochen bringen und gut 15 Minuten köcheln lassen, bis das Kochwasser komplett aufgesogen ist und die Linsen zerfallen sind.
- Den Knoblauch schälen und grob zerkleinern. Die Linsen in ein hochwandiges Rührgefäß geben. Knoblauch, Zitronensaft, Sojadrink und Olivenöl hinzufügen und mit dem Pürierstab zu einer glatten Creme verarbeiten. Sollten die Linsen noch viel Flüssigkeit aufsaugen, etwas mehr Sojadrink hinzufügen. Herzhaft mit Salz und Pfeffer abschmecken und abkühlen lassen.

- Für die **Zucchinirondells** die Zucchini in Scheiben von gut 3 cm Dicke schneiden, sodass sich etwa 12 Zucchinirondells ergeben. Die Zucchinirondells von oben vorsichtig aushöhlen (zum Beispiel mit einem Melonenausstecher), dabei jedoch am unteren Rand einen dünnen Boden an Fruchtfleisch belassen.
- Das Öl in der Pfanne erhitzen und die ausgehöhlten Zucchinirondells von allen Seiten kurz braten. Das Zucchinifleisch sollte nach dem Braten noch gut bissfest sein. Mit Salz und Pfeffer würzen.
- Die Zucchinirondells auf einen Servierteller geben und mit der Linsen-Aioli füllen. Mit etwas Paprikapulver bestäuben.
- Die Paprika vierteln, entkernen und in dünne Streifen schneiden.
- In jedes gefüllte Zucchinirondell senkrecht einen Streifen Paprika stecken und servieren.

Tipps: Servieren Sie die Rondells mit etwas Baguette oder Ciabatta. Die Reste der Linsen-Aioli halten sich abgedeckt im Kühlschrank gut 3 Tage.
Das Zucchinifleisch im Biomüll zu entsorgen, ist zu schade. Die Reste lassen sich mit zum Beispiel etwas Paprikaschote und Tomaten zu einem leckeren Salat »verlängern«. Oder die Zucchinireste mit etwas Zwiebel, einigen Kartoffeln und etwas Sojadrink oder Reisdrink zu einer Cremesuppe verarbeiten.

Dattelhäppchen auf Baguette

16 dünne Scheiben Baguette
Olivenöl zum Beträufeln
16 getrocknete und entsteinte Datteln
2 – 3 Knoblauchzehen
3 – 4 Zweige Thymian
2 – 3 EL Olivenöl
2 EL Sojasauce,
ersatzweise 2 EL kräftige Gemüsebrühe plus 1 EL Kürbiskernöl
2 EL roter Balsamessig
frisch gemahlener schwarzer Pfeffer
3 – 4 Zweige glatte Petersilie

❄ Die Baguettescheiben in der trockenen Pfanne auf beiden Seiten anrösten. Aus der Pfanne nehmen und mit etwas Olivenöl beträufeln.
❄ Die Datteln der Länge nach halbieren.
❄ Die Knoblauchzehen schälen, halbieren und zusammen mit dem Thymian sowie dem Olivenöl in die Pfanne geben. Den Knoblauch und Thymian 2 Minuten schmoren, dann die Dattelhälften sowie die Sojasauce und den Essig hinzufügen. Die Temperatur auf schwache Hitze zurückstellen und die Datteln 2 – 3 Minuten schmoren, bis ein Teil der Sojasauce und des Essigs verkocht ist.
❄ Knoblauch und Thymian entfernen und die Datteln mit etwas Pfeffer würzen.
❄ Die Dattelhälften auf den Baguettescheiben verteilen.
❄ Mit etwas Petersilie garnieren und servieren.

Orientalische Paprika-Crostini

240 g gekochte Kichererbsen
1 Zwiebel
1 – 2 Knoblauchzehen
2 – 3 EL Olivenöl
2 rote Paprikaschoten
5 EL Sojasahne oder Hafersahne
2 EL geschälte Sesamsamen
2 EL fein gehackte Minze
2 EL fein gehackte glatte Petersilie
1 – 2 EL frisch gepresster Zitronensaft
1 TL weißes Sesammus (Tahin)
2 – 3 MSP gemahlener Kreuzkümmel
Meersalz
frisch gemahlene Chiliflocken
12 Scheiben Baguette
4 – 5 EL Olivenöl

- ❄ Die Kichererbsen mit den Zinken einer Gabel zermusen.
- ❄ Zwiebel und Knoblauch schälen, fein hacken und im heißen Öl anschwitzen.
- ❄ Die Paprika sehr fein würfeln. Zur Zwiebel in die Pfanne geben und so lange schmoren, bis sie bissfest gegart ist.
- ❄ Sojasahne, Sesam, Minze, Petersilie, Zitronensaft, Tahin und Kreuzkümmel zur Paprika geben und mit den Kichererbsen vermischen. Die Paprikacreme herzhaft mit Salz und Chiliflocken abschmecken und abkühlen lassen.
- ❄ Die Baguettescheiben im Backofen bei 190 °C oder in der trockenen Pfanne goldbraun anrösten. Mit dem Olivenöl bestreichen.
- ❄ Die Paprikacreme auf dem Brot verteilen und servieren.

Linsenkaviar mit Knoblauchbaguette

125 g schwarze Beluga-Linsen
1 Lorbeerblatt
350 ml Wasser
1 Schalotte
1 kleine Karotte
1 – 2 EL Olivenöl
1 EL Sonnenblumenöl
1 EL Weißweinessig
1 EL Sojasauce,
ersatzweise 1 EL Kürbiskernöl und etwas mehr Salz zum Würzen
2 EL fein gehackter Dill
2 MSP gemahlener Kreuzkümmel
Kräutersalz mit Meeresalgen oder reines Meersalz
frisch gemahlener weißer Pfeffer

Knoblauchbaguette
250 g Baguette
5 – 6 EL Olivenöl
2 Knoblauchzehen

- Die Linsen mit Lorbeerblatt und Wasser in etwa 20 Minuten bissfest kochen.
- In der Zwischenzeit die Schalotte schälen und fein hacken, die Karotte fein würfeln und beides im heißen Olivenöl anschwitzen.
- Die Linsen in einen Durchschlag geben, das Lorbeerblatt entfernen und die Linsen mit kaltem Wasser abspülen. Danach gut abtropfen lassen. Die Linsen mit Schalotte und Karotte, Sonnenblumenöl, Essig, Sojasauce, Dill und Kreuzkümmel vermengen. Herzhaft mit Salz und reichlich Pfeffer abschmecken. Etwa 30 Minuten im Kühlschrank ziehen lassen.

- Für das **Knoblauchbaguette** das Baguette in etwa 1 cm dicke Scheiben schneiden und diese mit dem Olivenöl bestreichen. Die Baguettescheiben im Backofen bei 190 °C oder in der trockenen Pfanne goldbraun rösten. Aus dem Ofen nehmen und kurz abkühlen lassen.
- Die Knoblauchzehen schälen, halbieren und mit den Schnittflächen kräftig über die gerösteten Baguettescheiben reiben.
- Das Baguette zum Linsenkaviar servieren.

Tipp: Besonders edel wirkt der Linsenkaviar, wenn Sie ihn wie folgt servieren: Füllen Sie eine größere Glasschüssel mit gestoßenem Eis und platzieren Sie die kleinere Glasschüssel mit dem Linsenkaviar darauf. Den Linsenkaviar mit etwas frischem Dill und ein paar Zitronenvierteln garnieren.

Tartelettes mit Tomatentatar

8 Scheiben (Vollkorn-)Sandwichbrot
1 kleine Schalotte
2 Tomaten
6 entsteinte schwarze Oliven
5 EL Pinienkerne
4 EL Tomatenmark
4 EL fein gehacktes Basilikum
2 EL geröstetes Kichererbsenmehl
1 EL Olivenöl
1 TL roter Balsamessig
Meersalz
frisch gemahlener schwarzer Pfeffer
8 Blättchen Basilikum zum Garnieren

❄ Eine Backform für Muffins zurechtstellen. Die Brotscheiben kräftig mit dem Nudelholz bearbeiten, sodass sie größer und dünner werden. Mit einem umgedrehten Glas, dessen oberer Durchmesser etwas größer ist als die Muffinförmchen, jeweils einen Kreis aus den Brotscheiben ausstechen. Die Brotkreise in die Förmchen legen und sanft andrücken.
❄ Die Tartelettes im Backofen bei 200 °C 10 – 12 Minuten backen, bis sie leicht gebräunt und knusprig sind. Aus den Förmchen nehmen und abkühlen lassen.
❄ Die Schalotte schälen und fein hacken, die Tomaten fein würfeln. Die Oliven in feine Scheiben schneiden. Die Pinienkerne grob hacken.
❄ Schalotte, Tomaten, Oliven und Pinienkerne mit den restlichen Zutaten verrühren, dabei gut mit Salz und Pfeffer abschmecken.
❄ Die Tartelettes mit dem Tomatentatar füllen, mit dem Basilikum garnieren und servieren.

Die Kinder stehn mit hellen Blicken,
das Auge lacht, es lacht das Herz;
o fröhlich seliges Entzücken!
Die Alten schauen himmelwärts.

»Am Weihnachtsbaum die Lichter brennen«
Hermann Kletke, 1813 – 1886

Suppen

Suppen machen glücklich. Nicht nur, aber gerade zu Weihnachten. Wenn es draußen stürmt und schneit, nieselt oder schüttet, wärmt eine gut und mit Sorgfalt zubereitete Suppe nicht nur den Körper, sondern auch die Seele. In einer schönen Suppentasse oder im besten Festtagsgeschirr serviert, lacht das Auge und lacht das Herz.

Französische Lauchsuppe mit Apfel-Confit

1 kleine Zwiebel
2 – 3 EL Olivenöl
4 nicht zu dicke Stangen Lauch
4 mittelgroße Kartoffeln
500 ml Gemüsebrühe
gut 500 ml Sojadrink oder Reisdrink
4 – 5 EL fein gehackter Schnittlauch
Meersalz
frisch gemahlener weißer Pfeffer

Apfel-Confit
2 Äpfel
1 – 2 Knoblauchzehen
2 EL Olivenöl
1 EL Roh-Rohrzucker
Meersalz
frisch gemahlener schwarzer Pfeffer
2 – 3 EL Calvados oder Weinbrand

- Die Zwiebel schälen, fein hacken und im heißen Öl anschwitzen.
- Den Lauch in Scheiben schneiden, zur Zwiebel in den Topf geben und kurz anschwitzen.
- Die Kartoffeln schälen, würfeln und zusammen mit der Gemüsebrühe in den Topf geben. Das Gemüse in gut 20 Minuten sehr weich kochen.
- Für das **Apfel-Confit** die Äpfel schälen, entkernen und fein würfeln. Den Knoblauch schälen und zerdrücken.

* Das Öl in der Pfanne erhitzen.
* Den Zucker hinzufügen und unter Rühren karamellisieren.
* Die Apfelwürfel und den Knoblauch dazugeben und 1 – 2 Minuten unter Rühren scharf braten. Die Temperatur reduzieren und die Apfelwürfel schmoren, bis sie weich sind, aber noch nicht zerfallen. Mit Salz und Pfeffer abschmecken und warm halten.
* Das Lauch-Kartoffel-Gemüse mit dem Pürierstab fein pürieren. Den Sojadrink hinzufügen und nochmals pürieren. Sollte die Suppe, weil die Kartoffeln sehr mehlig sind, zu sämig sein, noch etwas Sojadrink hinzufügen. Die Suppe nochmals gründlich erhitzen, aber nicht mehr kochen.
* Den Schnittlauch unterziehen und die Suppe mit Salz und Pfeffer abschmecken.
* Das Apfel-Confit noch einmal kurz aufkochen, dann die Pfanne vom Herd nehmen und auf einen hitzebeständigen Untergrund stellen.
* Den Calvados über die Apfelwürfel gießen und anzünden. Die Flamme ausbrennen lassen.
* Die Suppe in Suppenteller füllen, das Apfel-Confit darauf verteilen und servieren.

Tipp: Das Apfel-Confit schmeckt natürlich auch ohne die Zugabe des Alkohols gut.

Karottensuppe mit Mandarinen und Schaumhäubchen

1 mittelgroße Zwiebel
1 walnussgroßes Stück Ingwer
1 Knoblauchzehe
1 – 2 EL Rapsöl
500 g Karotten
3 mittelgroße Kartoffeln
600 ml Gemüsebrühe
½ Vanilleschote
2 Stück Sternanis
1 Lorbeerblatt
250 ml frisch gepresster Mandarinensaft
1 ½ EL weißer Balsamessig
1 – 2 TL mildes Currypulver
4 EL fein gehackte glatte Petersilie
Meersalz
200 ml Sojadrink oder Haferdrink
2 – 3 MSP gemahlener Zimt

- Zwiebel, Ingwer und Knoblauch schälen, mittelfein hacken und im heißen Öl anschwitzen.
- Die Karotten schälen und in Scheiben schneiden, die Kartoffeln schälen und würfeln. Karotten zur Zwiebel in den Topf geben, kurz anschwitzen, dann die Kartoffeln sowie die Gemüsebrühe hinzufügen.
- Das ausgekratzte Mark der Vanilleschote sowie die Schote, Sternanis und Lorbeerblatt dazugeben. Das Karottengemüse in gut 20 Minuten sehr weich kochen.

- Vanilleschote, Sternanis und Lorbeerblatt entfernen und das Gemüse mit dem Pürierstab pürieren. Den Mandarinensaft hinzufügen und nochmals gründlich pürieren.
- Den Essig und das Currypulver unterrühren und die Suppe nochmals kurz zum Kochen bringen. Die Herdplatte ausschalten und die Petersilie einrühren. Die Karottensuppe mit Salz abschmecken.
- Den Sojadrink mit dem Zimt erhitzen. Mit dem Milchaufschäumer schön aufschäumen.
- Die Suppe in Suppentassen geben, den Schaum darauf verteilen und servieren.

Mexikanische Knoblauchsuppe mit Avocadosauerrahm

4 – 5 Knoblauchzehen (falls erwünscht, auch mehr)
4 – 5 EL Olivenöl
8 Scheiben Baguette
650 g Tomaten
1 – 2 frische rote Chilischoten
1 l kräftige Gemüsebrühe
Meersalz
4 EL fein gehackter Schnittlauch

Avocadosauerrahm
1 große, reife Avocado
2 EL frisch gepresster Zitronensaft
4 EL Sojadrink oder Reisdrink
Meersalz
frisch gemahlener weißer Pfeffer

❄ Den Knoblauch schälen, sehr fein hacken und in 2 EL Öl in der Pfanne anschwitzen.
❄ Den Knoblauch mit dem Öl aus der Pfanne nehmen. Weitere 2 – 3 EL Öl in der Pfanne erhitzen und die Baguettescheiben darin beidseitig goldbraun rösten.
❄ Die Tomaten fein würfeln. Die Chilischoten fein hacken und mit den Tomaten sowie dem angeschwitzten Knoblauch inklusive des Öls in einen Suppentopf geben.
❄ Das Gemüse kurz im Topf anbraten, dann mit der Gemüsebrühe ablöschen. Die Suppe kurz zum Kochen bringen, die Temperatur reduzieren und die Suppe 25 – 30 Minuten köcheln lassen. Danach herzhaft mit Salz abschmecken.

- Für den **Avocadosauerrahm** die Avocado halbieren, den Kern entfernen und das Fruchtfleisch auslöffeln. Das Fruchtfleisch sofort mit dem Zitronensaft überträufeln und mit einer Gabel zermusen.
- Den Sojadrink unter die Avocado rühren und mit Salz und Pfeffer abschmecken.
- Zum Servieren die Knoblauchsuppe auf vier Suppenteller verteilen.
- Jeweils 2 Scheiben geröstetes Baguette auf die Suppe geben und mit einem ordentlichen Klecks Avocadosauerrahm garnieren.
- Mit dem Schnittlauch überstreuen und servieren.

Tipp: In Mexiko verwendet man für diese Suppe wesentlich mehr Knoblauch, als wir es gewöhnt sind. In der Regel findet sogar eine ganze Knolle den Weg in die Suppe. Bestimmen Sie bitte selbst, wie viel Knoblauch und wie viele Chilischoten für Sie an den Festtagen verträglich sind.

Rosenkohlcremesuppe mit karamellisierten Walnüssen

2 Schalotten
2 – 3 EL Rapsöl
500 g Rosenkohl
300 g mehligkochende Kartoffeln
1 TL Roh-Rohrzucker
500 ml Gemüsebrühe
350 ml Sojadrink oder Reisdrink
2 EL Weißweinessig
3 MSP geriebene Muskatnuss
5 EL Sojasahne oder Hafersahne
4 EL fein gehackte krause Petersilie
Meersalz
frisch gemahlener weißer Pfeffer

Karamellisierte Walnüsse
1 EL Rapsöl
2 EL Roh-Rohrzucker
1 EL Wasser
1 EL roter Balsamessig
80 g grob gehackte Walnusskerne
2 – 3 MSP feines Meersalz
2 – 3 MSP weißer Pfeffer

❄ Schalotten schälen, fein hacken und im heißen Öl anschwitzen.
❄ Den Rosenkohl putzen und die Röschen halbieren. Die Kartoffeln schälen und würfeln. Rosenkohl und Kartoffeln mit dem Zucker und der Gemüsebrühe zur Schalotte in den Topf geben. Das Gemüse in gut 20 Minuten sehr weich kochen, dann mit dem Pürierstab pürieren.

- Den Sojadrink hinzufügen und nochmals pürieren. Den Essig und die Muskatnuss unterrühren und die Suppe nochmals kurz zum Kochen bringen. Die Temperatur reduzieren und die Suppe weitere 3 – 4 Minuten köcheln lassen.
- Sojasahne sowie Petersilie unterrühren und die Suppe mit Salz und Pfeffer abschmecken.
- Für die **karamellisierten Walnüsse** das Öl in einer kleinen Pfanne erhitzen. Den Zucker hinzufügen und unter Rühren zum Schmelzen bringen. Das Wasser und den Essig hinzufügen. So lange rühren, bis der Zucker anfängt zu karamellisieren. Die Walnusskerne dazugeben und mit Salz und Pfeffer würzen.
- Die Suppe auf vier Suppenteller verteilen, die karamellisierten Walnüsse darauf verteilen und servieren.

Sahnige Schwarzwurzelsuppe

1 Zwiebel
2 – 3 EL Rapsöl
2 mittelgroße Kartoffeln (etwa 300 g)
1 kg Schwarzwurzeln
Zitronenwasser für die Schwarzwurzeln
600 ml Gemüsebrühe
400 ml Sojadrink oder Reisdrink
1 – 2 EL Weißweinessig
2 MSP geriebene Muskatnuss
100 ml Sojasahne oder Hafersahne
4 EL fein gehackter Schnittlauch
Meersalz
frisch gemahlener schwarzer Pfeffer

❄ Die Zwiebel schälen, fein hacken und im heißen Öl anschwitzen.
❄ Die Kartoffeln schälen und würfeln.
❄ Die Schwarzwurzeln gründlich waschen, schälen und sofort in eine Schüssel mit Zitronenwasser geben. Die Schwarzwurzeln einzeln aus dem Zitronenwasser nehmen, in Scheiben schneiden und zur Zwiebel in den Topf geben. Kurz anbraten, dann die Kartoffeln hinzufügen und mit der Gemüsebrühe ablöschen.
❄ Die Suppe einmal kurz aufkochen, dann die Temperatur reduzieren und das Gemüse in gut 20 Minuten weich kochen.
❄ Das Gemüse mit dem Pürierstab gründlich pürieren. Den Sojadrink hinzufügen und nochmals kurz pürieren. Den Essig und die Muskatnuss unterrühren und die Suppe kurz zum Kochen bringen.
❄ Die Temperatur deutlich reduzieren, die Sojasahne und den Schnittlauch unterziehen und die Suppe 2 – 3 weitere Minuten ziehen lassen.
❄ Mit Salz und Pfeffer abschmecken und servieren.

Tipp: Die ursprünglich aus Spanien stammende Schwarzwurzel wurde früher als Heilpflanze angebaut. Heute schätzen wir sie als wohlschmeckendes Wintergemüse. Schwarzwurzeln müssen bei der Zubereitung erst gründlich von der Erde befreit, dann zum Beispiel mit einem Sparschäler geschält werden. Da die Wurzeln einen klebrigen Milchsaft abgeben, empfiehlt es sich, beim Schälen Haushaltshandschuhe zu tragen oder die Wurzeln unter fließendem Wasser zu schälen. Ich wende, um wertvolles Wasser zu sparen, folgende Methode an: Leicht temperiertes Wasser in eine nicht zu flache Schüssel geben. Die gründlich gewaschenen Schwarzwurzeln hineingeben und schälen, dabei die Wurzeln ständig unterhalb der Wasseroberfläche halten. Die geschälten Schwarzwurzeln sofort in eine zweite, mit Zitronenwasser gefüllte Schüssel geben, weil sie sonst schnell an der Luft oxidieren und dadurch unschön braun anlaufen.

Zwiebelsuppe mit Blätterteighaube

700 g etwa gleich große Zwiebeln
3 – 4 EL Olivenöl
2 TL Meersalz
1 TL Roh-Rohrzucker
250 ml trockener Weißwein,
ersatzweise Gemüsebrühe mit 1 – 2 EL Weißweinessig
2 Lorbeerblätter
2 MSP Fenchelsamen
1 MSP gemahlener Kümmel
4 EL Weizenmehl (Type 1050)
850 ml Wasser
2 EL Weißweinessig
1 EL getrockneter Majoran
1 TL getrockneter Thymian
4 EL fein gehackte krause Petersilie
Meersalz
frisch gemahlener schwarzer Pfeffer

Blätterteighaube
1 Scheibe frischer Blätterteig (etwa 250 g),
ersatzweise tiefgekühlter und aufgetauter Blätterteig
4 EL Olivenöl
2 EL Hefeflocken
1 TL mildes Paprikapulver
1 EL Speisestärke
2 EL Wasser

❄ Die Zwiebeln schälen, halbieren und in feine Halbmonde schneiden. Das Öl im Topf erhitzen. Zwiebeln, Salz und Zucker hinzufügen und so lange unter Rühren anschwitzen, bis die Zwiebeln glasig sind. Weißwein, Lorbeerblätter, Fenchelsamen und Kümmel hinzufügen und etwa 10 Minuten köcheln lassen.
❄ Mit dem Mehl bestäuben, dann das Mehl unterrühren. Wasser, Essig, Majoran und Thymian hinzufügen und die Suppe kurz zum Kochen bringen. Die Temperatur reduzieren und die Suppe unter gelegentlichem Rühren 15 – 20 Minuten köcheln lassen.
❄ Für die **Blätterteighaube** den Blätterteig auf Backpapier ausbreiten. (Den tiefgefrorenen und aufgetauten Blätterteig zu einem Rechteck ausrollen.) Eine umgedrehte Suppentasse auf den Blätterteig setzen und mit einem Teigrädchen 4 Kreise ausschneiden, die jeweils gut 1 cm größer sind als der obere Durchmesser der Suppentasse. Die Teigkreise bis zur Weiterverwendung in den Kühlschrank legen.
❄ Das Olivenöl mit den Hefeflocken und dem Paprikapulver verrühren. Die Speisestärke mit dem Wasser glatt rühren.
❄ Die Petersilie zur Suppe geben und die Suppe 2 – 3 weitere Minuten köcheln lassen. Die Lorbeerblätter entfernen und die Suppe mit Salz und Pfeffer abschmecken.
❄ Den Backofen auf 200 °C Ober- und Unterhitze vorheizen.
❄ Die Suppe auf vier hitzebeständige Suppentassen verteilen. Den oberen Rand und den oberen Außenseitenbereich jeder Suppentasse mit der Stärkemischung bestreichen. Die Blätterteigkreise auf die Suppentassen legen und vorsichtig andrücken. Den Teig mit dem angerührten Olivenöl bestreichen.
❄ Den verbliebenen Blätterteig zügig in dünne Streifen oder Rauten schneiden und die Blätterteigkreise damit verzieren.
❄ Die Tassen bei 200 °C 12 – 15 Minuten in den Backofen geben, bis die Teighauben schön aufgegangen und leicht gebräunt sind.

Bolivianische Erdnusssuppe

1 Gemüsezwiebel
2 – 3 EL Erdnussöl oder Rapsöl
700 g Kartoffeln
800 ml Gemüsebrühe
150 g geröstete Erdnusskerne ohne Salz
1 – 2 getrocknete Chilischoten
3 – 4 EL Weißweinessig
125 ml Sojasahne oder Hafersahne
4 – 5 EL fein gehackter Schnittlauch
Meersalz

- Die Zwiebel schälen, fein hacken und im heißen Öl anschwitzen.
- Die Kartoffeln schälen, würfeln und zur Zwiebel in den Topf geben.
- Die Gemüsebrühe hinzufügen und die Kartoffeln in gut 20 Minuten sehr weich kochen.
- In der Zwischenzeit von den Erdnusskernen 35 g abnehmen und grob hacken. Die verbliebenen 115 g Erdnusskerne fein hacken.
- Das Kartoffelgemüse mit dem Pürierstab pürieren.
- Die fein gehackten Erdnusskerne sowie die halbierten Chilischoten in den Topf zu den Kartoffeln geben und alles nochmals gründlich pürieren. Den Essig hinzufügen und die Suppe kurz zum Kochen bringen. Die Temperatur reduzieren und die Sojasahne sowie den Schnittlauch unterrühren. Die Suppe 3 – 4 Minuten ziehen lassen und herzhaft mit Salz abschmecken.
- Zum Servieren die Suppe auf Suppenteller verteilen und mit den grob gehackten Erdnusskernen überstreuen.

Wieder strahlt im Glanz der Kerzen
funkelnd uns der Weihnachtsbaum.
Und es fassen unsre Herzen
all' die Herrlichkeiten kaum.

»Welchen Jubel, welche Freude«
Ernst Heinrich Gebhardt, 1832 – 1899

Hauptspeisen

Weihnachten ist das Fest der Liebe. Und die, die wir lieben, möchten wir verwöhnen. Dazu gehört natürlich auch das Festmahl. Nachdem wir den ersten Hunger mit einem leckeren Appetithäppchen oder einer Suppe gestillt haben, kommen wir nun zum vorläufigen Höhepunkt des Mahls: den Hauptspeisen. Doch auch hier bleibt die Qual der Wahl: Möchten wir uns lieber mit traditionellen Speisen oder mit exotischen Köstlichkeiten verwöhnen? Soll es ein Raclette oder ein Fondue sein? Oder doch lieber ein herzhafter Braten, eine raffinierte Pastete? Wie gut, dass Weihnachten mindestens drei Tage dauert!

Gefüllter Kürbis mit gratiniertem Reis

Für 4 große Portionen
300 g Wildreismischung
½ TL Meersalz
etwa 600 ml Wasser
2 Hokkaidokürbisse (jeweils etwa 1 kg)
4 EL Olivenöl
Meersalz
frisch gemahlener weißer Pfeffer
2 mittelgroße Zwiebeln
2 Äpfel
140 ml Sojasahne oder Hafersahne
75 g fein gehackte Walnusskerne
2 EL heller süßer Senf
2 EL Kürbiskernöl
4 EL fein gehackte krause Petersilie
2 EL fein gehackter Thymian

Gratinierter Reis
Olivenöl für die Schälchen
100 ml Sojasahne oder Hafersahne
4 EL Hefeflocken
2 EL Olivenöl
1 EL mittelscharfer Senf
1 TL mildes Paprikapulver
2 – 3 Spritzer Worcestersauce
Meersalz
frisch gemahlener weißer Pfeffer
4 EL (Vollkorn-)Semmelbrösel

❄ Den Reis mit dem Salz und Wasser in einen Topf geben und in etwa 20 Minuten bissfest garen. Zum Ende der Kochzeit sollte der Reis das ganze Wasser aufgesogen haben.
❄ Von den Kürbissen jeweils einen Deckel abschneiden. Die Kerne und Fasern aus den Kürbissen entfernen. Das Fruchtfleisch so weit auskratzen (zum Beispiel mit einem Melonenausstecher), dass nur noch ein Rand von etwa 1 cm Stärke übrig ist. Die Kürbisse mit jeweils 1 EL Olivenöl ausstreichen und mit Salz und Pfeffer würzen.
❄ Die Kürbisse ohne Deckel in den nicht vorgeheizten Backofen geben und bei 200 °C etwa 25 Minuten vorgaren.
❄ In der Zwischenzeit die Zwiebeln schälen, fein hacken und in 2 EL Olivenöl anschwitzen.
❄ Das herausgeschnittene Kürbisfleisch fein hacken, die Äpfel entkernen und fein würfeln. Kürbis zu den Zwiebeln in die Pfanne geben. Kurz anschwitzen, dann die Äpfel hinzufügen. So lange schmoren, bis das Kürbisfleisch weich ist.
❄ Sojasahne, Walnusskerne, Senf, Kürbiskernöl sowie Petersilie und Thymian unterrühren und 3 – 4 weitere Minuten schmoren.
❄ Für den **gratinierten Reis** vier kleine Schälchen (jeweils etwa 125 ml Inhalt) gut ausfetten und jeweils zu zwei Dritteln mit dem gekochten Reis füllen.
❄ Die Sojasahne mit Hefeflocken, Olivenöl, Senf und Paprikapulver verrühren. Mit Worcestersauce, Salz und Pfeffer abschmecken. Auf dem Reis verteilen und mit den Semmelbröseln überstreuen.
❄ Den verbliebenen Reis zum Kürbisgemüse geben, die Mischung herzhaft mit Salz und Pfeffer abschmecken und die Kürbisse damit füllen. Die Deckel auf die Kürbisse setzen und diese in den Backofen geben. Bei 200 °C 25 – 30 weitere Minuten garen.
❄ Während der letzten 15 Minuten Garzeit die Schälchen mit dem Reis in den Backofen stellen.
❄ Die Kürbisse zum Servieren vorsichtig halbieren und jeweils mit einem Schälchen Reis servieren.

Gemüse-Jambalaya aus New Orleans

1 rote Zwiebel
1 weiße Zwiebel
2 Knoblauchzehen
2 – 3 EL Rapsöl oder Olivenöl
½ frische rote Chilischote (falls erwünscht, auch mehr)
2 grüne Paprikaschoten
4 Stangen Staudensellerie
1 Zucchino
250 g braune Champignons
400 g geschälte Tomaten in Stücken
250 g Vollkornreis
500 ml Wasser
1 Lorbeerblatt
2 EL fein gehackter Thymian
2 TL mildes Paprikapulver
½ Bund glatte Petersilie
Meersalz
frisch gemahlener schwarzer Pfeffer

❄ Die Zwiebeln und den Knoblauch schälen, fein hacken und im heißen Öl in einem Schmortopf anschwitzen.
❄ Die Chilischote fein hacken, zur Zwiebel in den Topf geben und ebenfalls kurz anschwitzen.
❄ Die Paprika, den Staudensellerie und den Zucchino fein würfeln, in den Topf geben und 2 – 3 Minuten kräftig braten. Dann die geputzten und in Scheiben geschnittenen Champignons dazugeben, 3 – 4 weitere Minuten braten, anschließend mit den geschälten Tomaten ablöschen.

- Reis, Wasser, Lorbeerblatt, Thymian und Paprikapulver dazugeben. Das Jambalaya mit aufgelegtem Deckel unter gelegentlichem Rühren gut 60 Minuten schmoren, bis der Reis weich ist und die gesamte Flüssigkeit verkocht ist.
- Die Petersilie fein hacken und unterziehen.
- Das Lorbeerblatt entfernen.
- Das Jambalaya herzhaft mit Salz und Pfeffer abschmecken und servieren.

Tipp: Jambalaya ist ein für die kreolische Küche im amerikanischen Bundesstaat Louisiana typisches Reisgericht. Neben dem Reis gehören die als »Heilige Dreifaltigkeit« bezeichnete Kombination aus Zwiebeln, Paprikaschoten und Staudensellerie sowie saftige Tomaten zum Jambalaya. Dieses schmackhafte Schmorgericht lässt sich prima am Vortag zubereiten und passend zum Festmahl aufwärmen. Am besten gelingt es in einem großen (gusseisernen) Schmortopf.
Servieren Sie das Jambalaya mit etwas knusprigem Baguette.

Marokkanischer Festtagsspinat mit Minzcouscous

75 g Pinienkerne
1 großes Bund Frühlingszwiebeln
2 – 3 Knoblauchzehen
3 – 4 EL Olivenöl
gut 800 g verlesener (Winter-)Blattspinat
250 g gekochte Kichererbsen
2 EL frisch gepresster Zitronensaft
3 – 4 MSP abgeriebene Zitronenschale
2 – 3 EL Ras el-Hanout (marokkanische Gewürzmischung)
1 TL weißes Sesammus (Tahin)
Meersalz
frisch gemahlene Chiliflocken

Minzcouscous
etwa 750 ml Wasser
1 – 2 TL Meersalz
500 g (Instant-)Couscous
3 – 4 EL Olivenöl
3 EL fein gehackte Minze

❄ Die Pinienkerne in der trockenen Pfanne kurz anrösten, bis sie duften.
❄ Die Frühlingszwiebeln in feine Scheiben schneiden, den Knoblauch schälen und fein hacken. Die Frühlingszwiebeln und den Knoblauch im heißen Öl anschwitzen.
❄ Den Spinat gründlich waschen, trockenschleudern und in Streifen schneiden. Zu den Frühlingszwiebeln und dem Knoblauch in den Topf geben und so lange unter gelegentlichem Rühren schmoren, bis der Spinat in sich zusammengefallen ist.

❄ Die Pinienkerne sowie Kichererbsen, Zitronensaft, Zitronenschale, Ras el-Hanout und Tahin unterrühren und 3 – 4 weitere Minuten schmoren. Herzhaft mit Salz und Chiliflocken abschmecken.

❄ Für den **Minzcouscous** das Wasser mit dem Salz zum Kochen bringen und den Couscous einrieseln lassen. Gut mit dem Wasser verrühren und 1 – 2 Minuten kochen lassen. Das Olivenöl hinzufügen und den Topf vom Herd nehmen. Den Couscous mit aufgelegtem Deckel 10 Minuten ausquellen lassen, dann die Minze unterziehen.

❄ Den Couscous auf einer vorgewärmten Servierplatte oder einem großen Teller zu einem Kegel formen und den Festtagsspinat in einem Kranz darum anrichten.

Tipps: Ras el-Hanout ist eine typisch marokkanische Gewürzmischung, die aus bis zu 25 verschiedenen Zutaten bestehen kann. Ras el-Hanout kann man in Gewürzhandlungen wie auch in gut sortieren Supermärkten beziehen. Auch Couscous ist inzwischen in den meisten Supermärkten, teilweise in Bioqualität, erhältlich.

Drei-Nuss-Braten in Blätterteighülle

Für etwa 6 Portionen

Füllung
2 große Karotten
1 große Kartoffel
100 ml Gemüsebrühe
2 EL geröstetes Kichererbsenmehl
2 EL fein gehackte krause Petersilie
2 MSP geriebene Muskatnuss
Meersalz
frisch gemahlener weißer Pfeffer

Nussbraten
1 große Zwiebel
2 Knoblauchzehen
2 EL Rapsöl
85 g Pekannusskerne
85 g Walnusskerne
85 g Haselnusskerne
250 ml heiße Gemüsebrühe
100 g (Vollkorn-)Semmelbrösel
3 EL geröstetes Kichererbsenmehl
3 EL Sojasauce,
ersatzweise 2 EL Tomatenmark plus 1 EL Kürbiskernöl
2 EL Rotweinessig
2 EL Tomatenmark
2 EL Olivenöl
2 EL Hefeflocken
2 EL fein gehackter Majoran
1 EL fein gehackter Thymian
1 TL fein gehackter Rosmarin

Meersalz
frisch gemahlener schwarzer Pfeffer

1 Scheibe frischer Blätterteig (etwa 250 g),
ersatzweise tiefgekühlter und aufgetauter Blätterteig
etwas Mehl für die Arbeitsfläche
2 EL Sojadrink oder Reisdrink zum Bestreichen

- Für die **Füllung** Karotten und Kartoffel schälen und würfeln. In der Gemüsebrühe in etwa 20 Minuten sehr weich kochen, danach zermusen. Kichererbsenmehl, Petersilie und Muskatnuss unterrühren. Mit Salz und Pfeffer abschmecken.
- Für den **Nussbraten** Zwiebel und Knoblauch schälen, fein hacken und im heißen Öl anschwitzen.
- Die Nusskerne nach Arten getrennt in der trockenen Pfanne anrösten, bis sie duften. Abkühlen lassen und mittelfein hacken.
- Zwiebeln, Knoblauch und Nüsse mit den restlichen Zutaten für den Nussbraten vermischen, dabei herzhaft mit Salz und Pfeffer abschmecken.
- Den Blätterteig auf der leicht bemehlten Arbeitsfläche zu einem Rechteck ausbreiten. (Den tiefgekühlten und aufgetauten Blätterteig zu einem Rechteck ausrollen.)
- Die Füllung der Länge nach in der Mitte des Blätterteigs aufbringen. Die Nusszubereitung darübergeben und glatt streichen. Längs der Nusszubereitung sollte jeweils ein knappes Drittel des Blätterteigs frei bleiben. Die freien Seiten der Länge nach zur Mitte hin umklappen. Die Teigränder gut andrücken.
- Den Nussbraten mit der Naht nach unten auf ein mit Backpapier ausgelegtes Backblech geben. Mit einem scharfen Messer vier große »V« in die Teighülle ritzen, damit der Dampf beim Backen entweichen kann. Nussbraten mit dem Sojadrink bestreichen und im Backofen bei 200 °C etwa 50 Minuten backen, bis die Oberfläche schön gebräunt ist.

Grünkernbraten mit beschwipster Pflaumenfüllung

Für etwa 8 Portionen

Pflaumenfüllung
185 g entsteinte Trockenpflaumen
5 EL Zwetschgenwasser oder trockener Sherry, ersatzweise Apfelsaft
½ TL Meersalz
2 – 3 MSP frisch gemahlener schwarzer Pfeffer

Grünkernbraten
125 g Haselnusskerne
1 Zwiebel
2 – 3 EL Rapsöl
225 g geraspelte Süßkartoffeln
2 kleine rote Paprikaschoten
1 Stange Lauch
300 g Grünkernschrot
550 ml Gemüsebrühe
100 g (Vollkorn-)Semmelbrösel
5 EL Tomatenmark
4 EL Sojasahne oder Hafersahne
3 – 4 EL Sojasauce, ersatzweise 3 EL kräftige Gemüsebrühe plus 1 EL Kürbiskernöl
2 EL mittelscharfer Senf
1 EL Rotweinessig
2 TL Johannisbrotkernmehl
4 EL fein gehackter Schnittlauch
4 EL fein gehackte krause Petersilie
3 – 4 MSP geriebene Muskatnuss

Meersalz
frisch gemahlener schwarzer Pfeffer
5 – 6 EL hochwertige Pflanzenmargarine

- Für die **Pflaumenfüllung** die Trockenpflaumen sehr fein hacken. Mit den restlichen Zutaten für die Füllung vermischen und so lange ziehen lassen, bis der Grünkernbraten gefüllt werden kann.
- Für den **Grünkernbraten** die Haselnusskerne in der trockenen Pfanne anrösten, bis sie duften. Etwas abkühlen lassen, dann sehr fein hacken.
- Die Zwiebel schälen, fein hacken und im heißen Öl anschwitzen.
- Die Süßkartoffel dazugeben und ebenfalls anschwitzen.
- Die Paprika und den Lauch sehr fein würfeln. Beides zu Zwiebel und Süßkartoffel geben und ebenfalls kurz anschwitzen. Die Temperatur reduzieren und das Gemüse unter gelegentlichem Rühren 12 – 15 Minuten schmoren.
- Die Temperatur kurz erhöhen, den Grünkernschrot unter Rühren einrieseln lassen, 1 – 2 Minuten braten, dann mit der Gemüsebrühe ablöschen. Unter Rühren nochmals kurz zum Kochen bringen, dann den Topf vom Herd nehmen und den Grünkernschrot mit aufgelegtem Deckel in 20 Minuten ausquellen lassen.
- Haselnusskerne, Semmelbrösel, Tomatenmark, Sojasahne, Senf, Essig, Johannisbrotkernmehl, Kräuter und Muskat unter den Schrot rühren und herzhaft mit Salz und Pfeffer abschmecken.
- Eine große Auflaufform mit Backpapier auskleiden. Die Hälfte der Grünkernzubereitung hineingeben und glatt streichen.
- Mit dem Rücken eines Esslöffels der Länge nach eine kleine Vertiefung mittig in die Grünkernzubereitung drücken und die Pflaumenfüllung darin verteilen.
- Die verbliebene Grünkernzubereitung darübergeben und glatt streichen.
- Die Margarine in Flöckchen auf den Braten setzen.

- Den Grünkernbraten in den Backofen geben und bei 200 °C etwa 50 Minuten backen, bis die Oberfläche schön gebräunt ist. Vor dem Anschneiden 12 – 15 Minuten im ausgeschalteten Backofen lassen.
- Den Grünkernbraten aus der Form heben, das Backpapier vorsichtig entfernen und den Braten in Scheiben schneiden.

Tipps: Servieren Sie zum Braten die feine Bratensauce von Seite 116 oder die Sherrysauce von Seite 113. Falls sich tatsächlich acht Personen am Tisch einfinden, sollten Sie die Saucenmenge entsprechend verdoppeln. Es gehört quasi zur ungeschriebenen Weihnachtstradition, dass Reste vom Braten übrig bleiben. Die Reste können entweder am nächsten oder übernächsten Tag abgedeckt im Backofen kurz aufgewärmt oder in Scheiben geschnitten in der Pfanne aufgebraten werden. Aber auch kalt schmeckt der Grünkernbraten auf Brot lecker. Und falls Sie eine kleine Pause in Sachen Grünkern einlegen möchten, können Sie die Reste für 6 – 8 Wochen einfrieren.

Italienischer Kartoffelsalat mit Salbei-Bohnen-Würstchen

Kartoffelsalat
800 g kleine, etwa gleich große Kartoffeln
3 – 4 EL Olivenöl
2 TL grobes Meersalz
300 ml Wasser
1 kleiner Kopf Radicchio
12 Kirschtomaten oder Datteltomaten
1 Schälchen Kresse

Dressing
2 Knoblauchzehen
1 TL Meersalz
Saft einer kleinen halben Zitrone
5 EL fein gehacktes Basilikum
3 – 4 EL Olivenöl
1 EL mittelscharfer Senf
½ TL Roh-Rohrzucker

Meersalz
frisch gemahlener schwarzer Pfeffer

Salbei-Bohnen-Würstchen
240 g gekochte Kidneybohnen
1 kleine Zwiebel
5 EL Maismehl
4 EL (Vollkorn-)Semmelbrösel
4 EL Tomatenmark
4 EL Sojasahne oder Hafersahne

2 EL Sojasauce,
ersatzweise 2 EL kräftige Gemüsebrühe
1 ½ EL fein gehackter Salbei
1 TL fein gehackter Thymian
1 TL fein gehackter Oregano
½ TL fein gehackter Rosmarin
1 TL roter Balsamessig
1 TL mildes Paprikapulver
Meersalz
scharfes Paprikapulver
Olivenöl zum Braten

- Für den **Kartoffelsalat** die Kartoffeln unter fließendem Wasser abbürsten, nicht schälen.
- Das Öl in einer großen Pfanne erhitzen und die abgetropften Kartoffeln darin von allen Seiten scharf anbraten. Die Pfanne kurz vom Herd nehmen und Salz sowie Wasser hinzugeben (Vorsicht, das Wasser kann spritzen!).
- Die Pfanne zurück auf den Herd geben, den Deckel auflegen und die Kartoffeln, je nach Größe, in etwa 20 Minuten unter gelegentlichem Rühren bissfest garen. Das verbliebene Kochwasser abgießen und die Kartoffeln kurz auf der Herdplatte ausdampfen lassen. Danach abkühlen lassen.
- Radicchio mundgerecht zerkleinern, Kirschtomaten halbieren. Die Kartoffeln mit Radicchio, Kirschtomaten und Kresse vermischen.
- Für das **Dressing** die Knoblauchzehen schälen und mit dem Salz unter Zuhilfenahme einer Gabel zermusen. Die übrigen Zutaten für das Dressing unterrühren.
- Das Dressing zum Kartoffelsalat geben und vorsichtig vermischen. Herzhaft mit Salz und Pfeffer würzen und vor dem Servieren 15 Minuten ziehen lassen.

- Für die **Salbei-Bohnen-Würstchen** die Kidneybohnen mit dem Kartoffelstampfer zermusen.
- Die Zwiebel schälen, sehr fein hacken und zu den Bohnen geben. Mit den restlichen Zutaten für die Bohnenwürstchen zu einem Teig verrühren und dabei gut mit Salz und Paprikapulver abschmecken.
- Mit den Händen 8 längliche »Würstchen« aus dem Teig formen und diese im heißen Olivenöl vorsichtig goldbraun braten.
- Die Salbei-Bohnen-Würstchen zum Kartoffelsalat servieren.

Tipps: In vielen Familien wird am Heiligabend traditionell Kartoffelsalat mit Würstchen aufgetischt. Diese rein pflanzliche Variante des bekannten Klassikers bringt einen Hauch mediterraner Lebensfreude und Esskultur auf den Tisch.
Besonders schmackhaft wird dieses Gericht, wenn Sie dazu etwas Ciabatta und die cremige Mayonnaise von Seite 114 oder die Knoblauchtunke mit Schalotten von Seite 121 servieren.

Pilz-Maronen-Pastete

1 rote Zwiebel
1 – 2 Knoblauchzehen
2 – 3 EL Rapsöl
500 g (braune) Champignons
200 g gekochte Maronen (Esskastanien)
1 Lorbeerblatt
100 ml trockener Rotwein,
ersatzweise Tomatensaft mit 1 TL rotem Balsamessig
1 – 2 EL Sojasauce,
ersatzweise 2 EL kräftige Gemüsebrühe
2 EL Weizenmehl (Type 1050)
1 EL scharfer Senf
3 EL fein gehackte krause Petersilie
1 EL fein gehackter Thymian
1 TL fein gehackter Rosmarin
Meersalz
frisch gemahlener schwarzer Pfeffer
Rapsöl für die Auflaufform
180 g frischer Blätterteig,
ersatzweise tiefgekühlter und aufgetauter Blätterteig
1 – 2 EL Sojadrink oder Reisdrink

❄ Die Zwiebel und den Knoblauch schälen, fein hacken und im heißen Öl anschwitzen.

❄ Die geputzten Champignons und Maronen in Scheiben schneiden und beides mit dem Lorbeerblatt zur Zwiebel in den Topf geben. Das Gemüse kurz scharf anbraten, dann mit dem Rotwein und der Sojasauce ablöschen. Das Gemüse so lange schmoren, bis der Wein um etwa die Hälfte eingekocht ist.

- ❄ Das Mehl, den Senf und die fein gehackten Kräuter unterrühren. Das Gemüse 3 – 4 weitere Minuten schmoren, dann mit Salz und Pfeffer abschmecken.
- ❄ Das Gemüse in eine gut gefettete Auflaufform geben und glatt streichen.
- ❄ Den Blätterteig als »Deckel« darübergeben. Den Teig an den Rändern der Auflaufform gut andrücken.
- ❄ Aus eventuellen Resten vom Blätterteig Streifen oder Ornamente schneiden und die Oberfläche der Pastete damit verzieren. Mit dem Sojadrink bestreichen.
- ❄ Die Pastete im Backofen bei 200 °C etwa 30 Minuten backen, bis die Oberfläche schön gebräunt ist.

Tipps: Servieren Sie zur Pastete das Zwiebel-Pflaumen-Gemüse von Seite 101 oder den gerösteten Rosenkohl mit Haselnüssen von Seite 103. Bitte beachten Sie im letzteren Fall bei der Zubereitung des Rosenkohls, dass Sie ihn in den vorgeheizten Backofen geben, wenn Sie ihn gleichzeitig mit der Pastete garen möchten. Die Garzeit des Rosenkohls verkürzt sich dadurch um etwa ein Drittel.

Linsen-Nuss-Bällchen auf schwedische Art

Für etwa 16 Linsen-Nuss-Bällchen
180 g grüne Du-Puy-Linsen
1 Lorbeerblatt
400 ml Wasser
1 Schalotte
2 Knoblauchzehen
1 walnussgroßes Stück Ingwer
1 – 2 EL Rapsöl
75 g mittelfein gehackte Walnusskerne
5 EL (Vollkorn-)Semmelbrösel
4 EL fein gehackte glatte Petersilie
3 EL Sojasauce,
ersatzweise 2 EL Tomatenmark plus 1 EL Kürbiskernöl
3 EL Tomatenmark
1 EL mittelscharfer Senf
1 EL Sherry-Essig
1 ½ TL Johannisbrotkernmehl
2 MSP gemahlener Koriander
2 MSP gemahlener Kreuzkümmel
Meersalz
frisch gemahlener schwarzer Pfeffer
Rapsöl zum Braten

❄ Die Linsen mit dem Lorbeerblatt und dem Wasser in einen Topf geben und in etwa 20 Minuten bissfest garen. Das restliche Kochwasser abschütten, das Lorbeerblatt entfernen und die Linsen unter klarem Wasser kurz abspülen. Danach gut abtropfen lassen.
❄ Schalotte, Knoblauch und Ingwer schälen, fein hacken und im heißen Öl kurz anschwitzen.

❄ Die Linsen mit Schalotte, Knoblauch, Ingwer und den Walnusskernen in den Mixbehälter der Küchenmaschine geben und zerkleinern.
❄ Semmelbrösel, Petersilie, Sojasauce, Tomatenmark, Senf, Essig, Johannisbrotkernmehl, Koriander und Kreuzkümmel unterrühren und die Linsenzubereitung herzhaft mit Salz und Pfeffer abschmecken.
❄ Mit den Händen etwa 16 Bällchen aus dem Teig formen und diese rundherum im heißen Öl in der Pfanne braten.

Tipp: Für eine komplette Mahlzeit können Sie die Linsen-Nuss-Bällchen zum Beispiel mit dem Karotten-Orangen-Püree von Seite 82 und der Sherrysauce von Seite 113 servieren.

Sauerkraut-Ananas-Lasagne

2 mittelgroße Zwiebeln
2 – 3 EL Rapsöl
2 große rote Paprikaschoten
500 g abgetropftes Weinsauerkraut
2 Lorbeerblätter
1 EL Roh-Rohrzucker
2 – 3 MSP gemahlener Kümmel
800 g geschälte Tomaten in Stücken
2 EL fein gehackter Majoran
2 TL mildes Paprikapulver
½ TL scharfes Paprikapulver
250 g fein gewürfelte Ananas
3 EL Tomatenmark
Meersalz
frisch gemahlener schwarzer Pfeffer
12 – 14 Lasagneplatten ohne Vorkochen
Rapsöl für die Form

Würzsauce
250 ml Sojasahne oder Hafersahne
5 EL Hefeflocken
4 EL fein gehackte krause Petersilie
1 TL mildes Paprikapulver
¾ TL Meersalz
3 MSP weißer Pfeffer

- Die Zwiebeln schälen, fein hacken und im heißen Öl anschwitzen.
- Die Paprika fein würfeln, zur Zwiebel in den Topf geben und ebenfalls anschwitzen.
- Das Sauerkraut hinzufügen und 2 – 3 Minuten scharf anbraten. Die Temperatur reduzieren und die Lorbeerblätter, den Zucker und Kümmel hinzufügen. Alles etwa 10 Minuten schmoren.
- Die Tomaten, den Majoran und das Paprikapulver dazugeben und 5 weitere Minuten schmoren.
- Die Ananas und das Tomatenmark hinzufügen und nochmals gut 5 Minuten schmoren. Die Lorbeerblätter entfernen und die Sauerkrautzubereitung herzhaft mit Salz und Pfeffer abschmecken.
- Zum Zusammensetzen der Lasagne wie folgt verfahren: Auf den Boden einer gut gefetteten großen Auflaufform 3 Lasagneblätter legen. Eine Schicht Sauerkraut darauf verteilen.
- Auf das Kraut 3 weitere Lasagneblätter und darauf eine weitere Schicht Sauerkraut geben.
- Dann 3 – 4 weitere Lasagneblätter auf das Kraut legen und das restliche Sauerkraut darauf verteilen.
- Mit 3 – 4 Lasagneblättern abschließen.
- Für die Würzsauce alle Zutaten miteinander verrühren und auf der letzten Schicht Lasagneblätter verstreichen.
- Die Lasagne in den nicht vorgeheizten Backofen geben und bei 200 °C 30 Minuten backen. Dann die Temperatur auf 180 °C reduzieren und 25 – 30 weitere Minuten backen, bis die Oberfläche schön gebräunt ist.

Tipp: Zu Weihnachten kommt nur das Beste auf den Tisch? Dann verwenden Sie anstelle des Weinsauerkrauts doch Champagnersauerkraut.

Miniflammkuchen mit zwei Belagvariationen

Für 16 Miniflammkuchen

Vorteig
30 g frische Hefe
1 TL Roh-Rohrzucker
100 ml lauwarmes Wasser
50 g Weizenmehl (Type 1050)

Teig
400 g Weizenmehl (Type 1050)
1 ½ TL Meersalz
3 EL Olivenöl
etwa 120 ml lauwarmes Wasser
1 EL Weizenmehl (Type 1050)

Zwiebelbelag
4 rote Zwiebeln
1 dicke Stange Lauch
2 EL Olivenöl
½ TL Roh-Rohrzucker
1 EL weißer Balsamessig
Meersalz
frisch gemahlener schwarzer Pfeffer

Zwiebel-Würzsauce
125 ml Sojasahne oder Hafersahne
4 EL blanchierte und gemahlene Mandeln
2 EL Hefeflocken
1 EL fein gehackter Thymian
1 TL Johannisbrotkernmehl
1 TL weißer Balsamessig

¾ TL Meersalz
frisch gemahlener weißer Pfeffer

Tomatenbelag
4 große Knoblauchzehen
2 Tomaten
3 kleine Frühlingszwiebeln
8 entsteinte schwarze Oliven

Tomaten-Würzsauce
125 ml Sojasahne oder Hafersahne
4 EL geröstetes Kichererbsenmehl
1 EL fein gehackter Oregano
1 TL Johannisbrotkernmehl
1 TL mildes Paprikapulver
1 TL weißer Balsamessig
¾ TL Meersalz
frisch gemahlener weißer Pfeffer

4 – 5 EL Olivenöl

- ❄ Für den **Vorteig** die Hefe in einer kleinen Schüssel mit den Zinken einer Gabel zerkrümeln. Zucker und Wasser hinzufügen. So lange rühren, bis sich die Hefe aufgelöst hat. Das Mehl unterrühren, sodass ein glatter, flüssiger Teig entsteht. Den Vorteig abgedeckt an einem warmen Ort 15 – 20 Minuten gehen lassen.
- ❄ Für den **Teig** das Mehl mit Salz und Öl vermischen. In der Mitte des Mehls eine Mulde formen und den Vorteig hineingeben. Von der Mitte her mit dem Mehl vermischen. Das Wasser portionsweise unterkneten. So lange kneten, bis der Teig geschmeidig ist. Mit etwas Mehl bestäuben und abgedeckt an einem warmen Ort etwa 60 Minuten gehen lassen.

- Für den **Zwiebelbelag** die Zwiebeln schälen und in 3 – 4 mm dicke Scheiben schneiden. Den Lauch in Scheiben von gut 5 mm Dicke schneiden. Beides auf ein mit Backpapier ausgelegtes Backblech geben.
- Die Gemüsescheiben mit dem Olivenöl bestreichen. Mit dem Zucker bestreuen und mit dem Essig beträufeln. Mit Salz und Pfeffer würzen.
- Den ungeschälten Knoblauch für den **Tomatenbelag** ebenfalls auf das Backblech geben.
- Das Backblech in den nicht vorgeheizten Backofen geben und die Temperatur auf 200 °C einstellen. Die Gemüsescheiben etwa 25 Minuten backen, bis sie leicht gebräunt sind. Den Knoblauch nach 12 – 15 Minuten oder dann, wenn die Zehen weich sind, entnehmen. Das Gemüse etwas abkühlen lassen.
- Den Teig für die Flammkuchen in 2 Portionen teilen. Aus jeder Portion eine Rolle formen. Jede Teigrolle in 8 Stücke schneiden. Mit den Händen 16 kleine Fladen aus den Kugeln formen. Die Fladen auf zwei mit Backpapier ausgelegte Backbleche legen und 15 – 20 weitere Minuten gehen lassen.

❄ Alle Zutaten für die **Zwiebel-Würzsauce** verrühren und dabei gut mit Pfeffer würzen.
❄ Alle Zutaten für die **Tomaten-Würzsauce** verrühren und dabei gut mit Pfeffer würzen.
❄ Acht Teigfladen mit der Zwiebel-Würzsauce bestreichen. Mit den gerösteten Zwiebeln und dem Lauch belegen.
❄ Die restlichen Teigfladen mit der Tomaten-Würzsauce bestreichen.
❄ Die gerösteten Knoblauchzehen schälen und in feine Scheiben schneiden. Auf den mit der Tomaten-Würzsauce bestrichenen Fladen verteilen.
❄ Für den **Tomatenbelag** die Tomaten, Frühlingszwiebeln und Oliven in feine Scheiben schneiden und ebenfalls auf die mit der Tomaten-Würzsauce bestrichenen Fladen geben.
❄ Alle Teigfladen mit Olivenöl beträufeln und in den auf 200 °C vorgeheizten Backofen geben. Die Miniflammkuchen etwa 20 Minuten backen.

Üppiges Kürbiscurry mit Kokosmilch

Für etwa 6 Portionen

1 Zwiebel
1 – 2 Knoblauchzehen
1 walnussgroßes Stück Ingwer
½ – 1 frische rote Chilischote
2 – 3 EL Rapsöl
1 Hokkaidokürbis (etwa 1 ¼ kg)
2 rote Paprikaschoten
1 TL gemahlenes Zitronengras
2 – 3 TL mildes Currypulver
3 – 4 MSP gemahlener Kreuzkümmel
3 – 4 MSP gemahlener Koriander
2 MSP gemahlener Piment
240 g gekochte Kichererbsen
400 ml Kokosmilch
5 EL Maismehl
1 Bund glatte Petersilie
Saft einer kleinen halben Zitrone
Meersalz

❄ Zwiebel, Knoblauch und Ingwer schälen und fein hacken, die Chilischote fein hacken und alles im heißen Öl anschwitzen.

❄ Den Hokkaidokürbis kurz abbrausen und trockenreiben (nicht schälen!). Den Kürbis halbieren und die Kerne entfernen. Die Kürbishälften in feine Spalten, diese dann in feine Streifen schneiden. Zur Zwiebel in den Topf geben und kurz anbraten.

❄ Die Paprika fein würfeln und ebenfalls in den Topf geben.

❄ Zitronengras, Currypulver, Kreuzkümmel, Koriander und Piment hinzufügen und so lange schmoren, bis der Kürbis weich ist.

- Kichererbsen und Kokosmilch dazugeben.
- Das Maismehl durch ein feines Sieb streichen und unterrühren.
- Das Kürbiscurry kurz zum Kochen bringen, dann die Temperatur reduzieren und gut 5 weitere Minuten schmoren.
- Die Petersilie fein hacken und mit dem Zitronensaft zum Curry geben.
- Nochmals 3 – 4 Minuten schmoren, mit Salz abschmecken und servieren.

Tipp: Servieren Sie zum Curry zum Beispiel den roten Mandel-Petersilien-Reis von Seite 93.

Sahniges Pilzrahmragout

30 g getrocknete Steinpilze
500 ml Wasser
2 Schalotten
1 – 2 Knoblauchzehen
2 – 3 EL Rapsöl oder Olivenöl
2 Karotten
600 g braune Champignons
2 EL fein gehackter Thymian
1 TL fein gehackter Rosmarin
2 EL Weinbrand oder Cognac (falls erwünscht)
1 EL weißer Balsamessig
3 ½ EL Weizenmehl (Type 1050)
200 ml Sojasahne oder Hafersahne
3 EL fein gehackte glatte Petersilie
Meersalz
frisch gemahlener schwarzer Pfeffer

❄ Die Steinpilze kurz abspülen, dann mit dem Wasser zum Kochen bringen. Den Topf vom Herd nehmen und die Pilze 30 Minuten quellen lassen.
❄ In der Zwischenzeit die Schalotten und den Knoblauch schälen, fein hacken und im heißen Öl anschwitzen.
❄ Die Karotten fein würfeln, zu den Schalotten und dem Knoblauch in die Pfanne geben und ebenfalls anschwitzen.
❄ Die Champignons putzen, in Scheiben schneiden und in die Pfanne geben. So lange schmoren, bis sie in sich zusammenfallen.
❄ Die Steinpilze etwas abtropfen lassen und, falls notwendig, mundgerecht zerkleinern. Das Einweichwasser nicht weggießen.
❄ Die Steinpilze mit Thymian und Rosmarin, Weinbrand und Essig in die Pfanne geben und alles gut 5 weitere Minuten schmoren.

- Das Weizenmehl über das Pilzragout stäuben, dann gut unterrühren.
- 200 ml Einweichwasser der Pilze hinzufügen und kurz zum Kochen bringen. Die Temperatur reduzieren. Die Sojasahne und Petersilie unterrühren und das Pilzragout 3 – 4 weitere Minuten ziehen lassen.
- Vor dem Servieren mit Salz und Pfeffer abschmecken.

Tipp: Als Beilage zum Pilzrahmragout entweder die Semmelknödel von Seite 96 oder die Maroni-Gnocchi von Seite 88 servieren.

Raclette mit Gemüse und Saucen

Ein zünftiger Racletteabend mit der Familie oder Freunden gehört einfach zu Weihnachten. Dazu benötigen Sie ein elektrisches Raclettegerät mit sechs bis acht Raclettepfännchen und den dazugehörigen Holzschabern. Klassisch wird Raclette mit Kartoffeln als Grundlage zubereitet.

1 kg etwa gleich große Kartoffeln
1 ½ l Wasser zum Kochen der Kartoffeln
2 TL Meersalz

- Die Kartoffeln mit dem Wasser und dem Salz in etwa 20 Minuten als Pellkartoffeln garen. Das Kochwasser abgießen und die Kartoffeln auf der Herdplatte kurz ausdampfen lassen. Dann pellen.
- Die Kartoffeln entweder als Beilage zum Gemüse und zu den Saucen servieren oder in Scheiben schneiden, in die Raclettepfännchen geben und nach Belieben überbacken.
- Zum Überbacken die goldgelbe Raclettesauce von Seite 112 oder die Knoblauch-Kräuter-Creme von Seite 120 verwenden.

Würzsaucen zum Tunken
cremige Mayonnaise (siehe Seite 114) oder
Knoblauchtunke mit Schalotten (siehe Seite 121) oder
Kräuterremoulade (siehe Seite 115) oder
Tomaten-Würzsauce (siehe Seite 122) oder
Zwiebel-Schnittlauch-Sauce (siehe Seite 124) oder
Wasabi-Dip (siehe Seite 123)

Gemüsebeilagen

4 in Streifen geschnittene rote Paprikaschoten

250 g Kirschtomaten oder Datteltomaten

2 in Scheiben geschnittene Zucchini
oder geschmorte Zucchini auf provenzalische Art von Seite 106

500 g in Röschen geteilter Brokkoli
(den Brokkoli vorher kurz blanchieren, damit er in den Pfännchen schneller gart)

500 g Champignons oder andere Zuchtpilze,
zum Beispiel Austernpilze, Shiitake oder Kräuterseitlinge
(die Champignons können auch mit der Knoblauch-Kräuter-Creme von Seite 120 gefüllt und dann je nach Größe entweder ganz oder in Scheiben geschnitten in die Pfännchen gegeben werden)

Tipps: Als zusätzliche Beilage können Sie ein Baguette in Scheiben schneiden und auf der Grillplatte des Raclettegeräts von beiden Seiten goldbraun rösten.
Für den ganz großen Hunger können Sie Ihr Racletteessen durch die Linsen-Nuss-Bällchen von Seite 62 oder die Salbei-Bohnen-Würstchen von Seite 57 erweitern. Beide Speisen können am Vortag zubereitet und beim Racletteessen auf der Grillplatte aufgebraten werden.

Paprika-Schmelzfondue mit Cashewnüssen

200 g Cashewnüsse
500 ml kochend heißes Wasser
500 g Baguette
500 g kleine Champignons
250 ml kochend heiße Gemüsebrühe
1 große Zwiebel
3 – 4 Knoblauchzehen
4 – 5 EL Olivenöl
2 große rote, geröstete und enthäutete Paprikaschoten (entweder aus dem Glas oder selbst gemacht)
30 g Hefeflocken
5 – 6 EL geröstetes Kichererbsenmehl
2 EL mittelscharfer Senf
1 EL weißes Sesammus (Tahin)
2 TL gekörnte Gemüsebrühe
600 ml Sojadrink oder Reisdrink
3 MSP geriebene Muskatnuss
150 ml Sojasahne oder Hafersahne
2 EL Weinbrand oder Cognac (falls erwünscht)
2 EL fein gehackter Thymian
4 EL fein gehackte glatte Petersilie
Meersalz
rote Chilisauce

- ❄ Die Cashewnüsse mit dem Wasser übergießen und über Nacht quellen lassen.
- ❄ Am nächsten Tag das Baguette in mundgerechte Stücke schneiden, auf ein Backblech geben und bei 200 °C im Backofen leicht anrösten.

- Die Champignons putzen und die Stiele etwas einkürzen.
- Das Einweichwasser der Cashewnüsse abgießen und die Nüsse kurz mit klarem Wasser abspülen. Dann mit der heißen Gemüsebrühe in ein hochwandiges Rührgefäß geben und mit dem Pürierstab zerkleinern, sodass eine glatte Creme entsteht.
- Die Zwiebel und den Knoblauch schälen, mittelfein hacken und kurz in 2 EL Öl anschwitzen. Zusammen mit den grob zerkleinerten Paprika, den Hefeflocken und dem Kichererbsenmehl zu den Cashewnüssen geben und nochmals sehr gründlich pürieren. Die Nusszubereitung in den Fonduetopf umfüllen.
- Senf, Sesammus und gekörnte Gemüsebrühe unterrühren. Sojadrink und Muskat hinzufügen. Kurz zum Kochen bringen, dann die Temperatur reduzieren und 4 – 5 Minuten köcheln lassen.
- Die Sojasahne, 2 – 3 EL Öl, Weinbrand, Thymian und Petersilie unterziehen, 3 – 4 weitere Minuten leise köcheln lassen, dann mit Salz und roter Chilisauce abschmecken.
- Zum Servieren das Schmelzfondue auf den Rechaud stellen. Die Baguettewürfel und Pilze an Spießen in das Fondue tauchen und genießen.

Tipps: Falls Sie die Paprikaschoten selbst rösten und enthäuten, fügen Sie dem Schmelzfondue beim Abschmecken noch etwas Balsamessig hinzu. Geröstete Paprika aus dem Glas schmeckt in der Regel etwas säuerlich. Anstelle von Baguette können Sie auch anderes Weißbrot verwenden. Zum Eintunken in das Fondue eignet sich auch Gemüse, zum Beispiel Brokkoli (vorher kurz blanchiert), Paprikaschoten, klein geschnittene Zucchini oder Kirschtomaten. Versuchen Sie, auch einmal etwas Obst wie mundgerecht zerkleinerte Birnen, Äpfel oder Weintrauben ins Schmelzfondue zu tunken. Sie werden überrascht sein!

Japanisches Shabu-Shabu-Fondue

Gemüsebrühe

1 Bund Frühlingszwiebeln
2 Karotten
1 Stange Lauch
1 – 2 Knoblauchzehen
1 walnussgroßes Stück Ingwer
1 frische rote Chilischote
3 – 4 EL Sojaöl oder Erdnussöl
1 ¾ l Wasser
2 TL Meersalz
4 – 5 EL getrocknete Noriflocken

Getreidebeilagen

250 g Patnareis
1 – 2 TL Meersalz
etwa 350 ml Wasser
100 g Glasnudeln
1 l kochend heißes Wasser

Gemüsebeilagen

2 große Stangen Lauch
4 Frühlingszwiebeln
4 Karotten
500 g Austernpilze, Shiitake oder Champignons
500 g Brokkoli
350 g Chinakohl
200 g Zuckerschoten

Saucenbeilagen

asiatische Zitronensauce (siehe Seite 119),
japanische Sesamsauce (siehe Seite 118) und
Wasabi-Dip (siehe Seite 123) oder
cremige Mayonnaise (siehe Seite 114),
Knoblauchtunke mit Schalotten (siehe Seite 121) und
Zwiebel-Schnittlauch-Sauce (siehe Seite 124)
süße thailändische Chilisauce
Sojasauce
Ketjap Manis (süße indonesische Sojasauce)
etwas Sesamöl zum Beträufeln

- Für die **Gemüsebrühe** Frühlingszwiebeln, Karotten und Lauch in Scheiben schneiden. Knoblauch und Ingwer schälen und ebenso wie die Chilischote grob hacken.
- Das Öl in einem großen Topf erhitzen und das gesamte Gemüse hinzufügen. Unter Rühren etwas anbräunen, dann mit dem Wasser ablöschen. Das Salz dazugeben und kurz zum Kochen bringen.
- Die Temperatur deutlich reduzieren und die Suppe abgedeckt unter gelegentlichem Rühren 40 – 45 Minuten köcheln lassen.
- In der Zwischenzeit für die **Getreidebeilagen** den Reis mit Salz und Wasser in einen Topf geben und unter gelegentlichem Rühren in etwa 20 Minuten bissfest garen. Zum Ende der Garzeit sollte der Reis das gesamte Wasser aufgesogen haben.
- Die Glasnudeln mit dem kochend heißen Wasser übergießen und 5 Minuten quellen lassen. Dann in einen Durchschlag geben und gut abtropfen lassen. Danach in mundgerechte Stücke schneiden.
- Für die **Gemüsebeilagen** den Lauch und die Frühlingszwiebeln in feine Scheiben und die Karotten in dünne Stifte schneiden. Die Pilze putzen und, falls notwendig, halbieren oder vierteln. Den Brokkoli in Röschen teilen und den Chinakohl in Streifen schneiden. Die Zuckerschoten putzen.

- Die fertig gegarte Suppe durch ein Sieb geben und die klare Brühe im Fonduetopf auffangen. Die Noriflocken hinzufügen und die Brühe gut 5 weitere Minuten köcheln lassen. Bei Bedarf mit noch etwas Salz nachwürzen.
- Zum **Servieren** den Rechaud auf den Tisch stellen, den Fonduetopf darauf platzieren und die Brühe leise köcheln lassen.
- Den Reis abgedeckt oder auf einer Warmhalteplatte warm halten.
- Die Gemüsebeilagen und Glasnudeln in Schüsseln auf dem Tisch anrichten und die Saucen nach Wahl in Schälchen dazustellen.
- Jeder Gast gibt nun die Zutaten seiner Wahl in die Brühe, lässt sie darin 2 – 3 Minuten garen und fischt sie entweder mit Essstäbchen oder einem Körbchen wieder heraus. Die Glasnudeln am besten im Körbchen noch einmal kurz in der Brühe erhitzen.
- Die Gemüsebeilagen in die gewählte Sauce tunken und mit etwas Reis oder Glasnudeln genießen.

Tipps: Shabu-Shabu ist ein traditionell japanisches Gericht, bei dem dünn geschnittenes oder mundgerecht zerkleinertes Gemüse in einer speziellen Brühe kurz auf dem Tisch gegart und danach mit Würzsaucen verfeinert genossen wird. Als Beilagen werden Glasnudeln und Reis gereicht.
Falls Sie Tofu mögen und vertragen, können Sie zusätzlich 300 g in mundgerechte Würfel geschnittenen (Natur-)Tofu in der Brühe erhitzen.
Für den ganz großen Hunger können Sie die Reismenge auch verdoppeln.
Grundsätzlich können Sie Ihrer Fantasie und Ihrem Geschmack bei der Auswahl der Gemüsebeilagen freien Lauf lassen. So eignen sich neben den oben genannten Gemüsearten auch Blattspinat, Pak Choi, aber auch Tomaten, Paprikaschoten, Staudensellerie und Fenchel für das Fondue.

Und von allen Sternen nieder
Strömt ein wunderbarer Segen,
Dass die müden Kräfte wieder
Sich in neuer Frische regen

»Die Weihe der Nacht«
Friedrich Hebbel, 1813 – 1863

Getreidebeilagen und Kartoffelbeilagen

Feiern macht fröhlich. Mitunter jedoch auch müde. Da hilft es, dafür Sorge zu tragen, dass man auch zu den Festtagen mit reichlich Vitaminen, Mineralstoffen und Spurenelementen versorgt ist. Köstliche Beilagen aus verschiedenen Getreidearten und Kartoffeln tragen dazu bei, neue Kräfte, Frische und Energie zu erlangen. Lassen Sie es sich gut gehen!

Karotten-Orangen-Püree

600 g Kartoffeln
500 g Karotten
Saft einer kleinen Orange
200 ml Gemüsebrühe
100 ml Sojadrink oder Reisdrink
2 EL fein gehackter Dill
Meersalz
frisch gemahlener weißer Pfeffer

- Die Kartoffeln und Karotten schälen und mittelfein würfeln. Zusammen mit dem Orangensaft und der Gemüsebrühe in einen Topf geben und in gut 20 Minuten sehr weich kochen.
- Mit dem Kartoffelstampfer zu Püree zerstampfen, dabei den Sojadrink und Dill hinzufügen.
- Das Püree noch einmal erhitzen, aber nicht mehr kochen.
- Mit Salz und Pfeffer abschmecken.

Tipp: Dieses fruchtige Püree harmoniert wunderbar mit den Linsen-Nuss-Bällchen von Seite 62.

Kartoffel-Mohn-Püfferchen

Für etwa 15 Kartoffel-Mohn-Püfferchen
850 g Kartoffeln
1 Zwiebel
1 Knoblauchzehe
4 EL Mohnsamen
100 g geröstetes Kichererbsenmehl
1 EL Weißweinessig
2 EL fein gehackter Dill
2 EL fein gehackter Schnittlauch
2 MSP geriebene Muskatnuss
2 MSP gemahlener Kreuzkümmel
Meersalz
frisch gemahlener schwarzer Pfeffer
Rapsöl oder Sojaöl zum Braten

- Die Kartoffeln schälen und grob reiben.
- Die Zwiebel schälen und fein reiben, den Knoblauch schälen und zerdrücken.
- Die Mohnsamen fein mahlen.
- Kartoffeln, Zwiebel, Knoblauch und Mohnsamen mit Kichererbsenmehl, Essig, Kräutern, Muskat und Kreuzkümmel vermischen.
- Herzhaft mit Salz und Pfeffer abschmecken.
- Pro Püfferchen einen gut gehäuften Esslöffel vom Teig abstechen und von beiden Seiten im heißen Öl braten.

Kartoffelklöße mit Croûtonfüllung

Für 8 große Kartoffelklöße
2,3 kg Kartoffeln
700 ml Wasser zum Kochen der Kartoffeln
1 TL Meersalz
4 EL Hartweizengrieß
2 TL Johannisbrotkernmehl
3 MSP geriebene Muskatnuss
Meersalz
frisch gemahlener weißer Pfeffer
1 Scheibe (Vollkorn-)Sandwichbrot
2 – 3 EL Olivenöl
etwa 4 l Wasser zum Kochen der Klöße
2 – 3 TL Meersalz

- Von den Kartoffeln 900 g schälen und fein würfeln. Zusammen mit Wasser und Salz in einen Topf geben und in etwa 10 Minuten sehr weich kochen. Das Kochwasser abgießen und die Kartoffeln auf der Herdplatte kurz ausdampfen lassen.
- Die restlichen Kartoffeln schälen und fein reiben. Die geriebenen Kartoffeln in ein Geschirrtuch geben und fest ausdrücken, bis keine Flüssigkeit mehr abläuft und eine relativ trockene Masse übrig ist.
- Geriebene Kartoffeln mit den gekochten Kartoffeln zu einem glatten Teig verrühren.
- Grieß, Johannisbrotkernmehl und Muskatnuss unterrühren. Mit Salz und etwas Pfeffer abschmecken.
- Das Brot fein würfeln und im heißen Öl kross braten.
- Aus dem Teig mit angefeuchteten Händen 8 Klöße formen. Mit dem Daumen eine tiefe Mulde in jeden Kloß drücken und diese mit den Brotcroûtons füllen. Die Klöße durch Drehen zwischen den Handflächen wieder schließen.

❄ Das Wasser mit dem Salz zum Kochen bringen. Die Klöße hineingeben, die Temperatur reduzieren und die Klöße im siedenden Wasser 12 – 15 Minuten garen. Mit einem Schaumlöffel vorsichtig entnehmen, gut abtropfen lassen und in einer vorgewärmten Schüssel servieren.

Tipp: Die Kartoffelklöße sind eine leckere Beilage zum Drei-Nuss-Braten in Blätterteighülle von Seite 52, zum Grünkernbraten von Seite 54 oder zur Pilz-Maronen-Pastete von Seite 60.

Knoblauch-Zitronen-Kartoffeln

1 kg etwa gleich große Kartoffeln
Olivenöl für die Auflaufform
Meersalz
frisch gemahlener schwarzer Pfeffer
60 ml Olivenöl
Saft einer Zitrone
2 – 3 Knoblauchzehen
2 TL getrockneter Thymian
1 TL getrockneter Oregano
4 – 5 EL fein gehackte glatte Petersilie

❄ Die Kartoffeln unter fließendem Wasser abbürsten (nicht schälen!), mit Küchenkrepp trockentupfen und in etwa gleich große dünne Spalten schneiden. In eine gefettete Auflaufform schichten und herzhaft mit Salz und Pfeffer würzen.
❄ Knoblauch schälen und zerdrücken. Öl mit Zitronensaft, Knoblauch, Thymian und Oregano verrühren und über die Kartoffelspalten gießen.
❄ Kartoffelspalten im Backofen bei 200 °C 55 – 60 Minuten garen. Falls die Kartoffeln zum Ende der Garzeit zu braun werden, die Auflaufform mit etwas Backpapier abdecken.
❄ Die Kartoffeln mit der gehackten Petersilie überstreut servieren.

Tipps: Wem Kartoffeln mit Schale nicht munden, der kann sie natürlich auch schälen und dann weiter nach Rezept verfahren.
Diese raffinierte Beilage von den Balearen gibt dem Drei-Nuss-Braten von Seite 52 eine frische Note und kann, sofern Sie einen Backofen mit Umluft besitzen, zusammen mit dem Braten garen.

Kräuterbandnudeln

200 g Weizenmehl (Type 1050)
200 g Hartweizengrieß
1 TL Meersalz
5 – 6 EL Sonnenblumenöl
5 – 6 EL fein gehackte gemischte Kräuter
(wie Schnittlauch, Petersilie, Basilikum, Majoran, Thymian)
etwa 150 ml Wasser
4 l Wasser zum Kochen der Nudeln
1 – 2 TL Meersalz

- Mehl, Grieß und Salz in einer großen Schüssel vermischen. In der Mitte des Mehls eine Mulde formen, das Öl sowie die Kräuter hineingeben und mit einer Gabel von der Mitte her mit dem Mehlgemisch vermengen.
- Das Wasser in kleinen Portionen hinzufügen und alles zu einem glatten Teig verkneten. Sollte der Teig noch zu hart sein und reißen, etwas zusätzliches Wasser hinzufügen. Den Teig zu einer Kugel formen. In Frischhaltefolie einschlagen und 60 Minuten im Kühlschrank ruhen lassen. (Der Nudelteig kann auch am Vortag zubereitet werden. Den Teig in Frischhaltefolie gehüllt bis zur Weiterverwendung im Kühlschrank lassen.)
- Den Teig in vier Teile schneiden. Die Teile bis zur Verwendung im Kühlschrank lassen. Den Teig entweder mit dem Nudelholz auf der gut bemehlten Arbeitsfläche oder mit Hilfe einer Pastamaschine 2 – 3 mm dünn ausrollen. Die Teigbahnen in Streifen schneiden (oder schneiden lassen), die der Breite der gewünschten Nudeln entspricht. Die Nudeln 30 – 40 Minuten ruhen lassen.
- Das Wasser mit dem Salz zum Kochen bringen und die Nudeln darin bissfest garen (die Kochzeit hängt von der Breite der Nudeln ab). Die Nudeln in einen Durchschlag geben und abtropfen lassen.

Maroni-Gnocchi

200 g gekochte Maronen (Esskastanien)
150 ml kochend heiße Gemüsebrühe
850 g Kartoffeln
700 ml Wasser zum Kochen der Kartoffeln
1 TL Meersalz
3 MSP geriebene Muskatnuss
100 g Weizenmehl (Type 1050)
100 g Hartweizengrieß
Meersalz
etwas Mehl für die Arbeitsfläche
4 l Wasser zum Kochen der Gnocchi
2 – 3 TL Meersalz

- Die Maronen in Scheiben schneiden, mit der Gemüsebrühe übergießen und einmal kurz aufkochen lassen. Die Temperatur reduzieren und die Maronen etwa 10 Minuten köcheln lassen.
- Die Maronen mit dem Pürierstab gründlich pürieren und vor der Weiterverwendung etwas abkühlen lassen.
- Die Kartoffeln schälen, mit dem Wasser und dem Salz in einen Topf geben und in etwa 20 Minuten weich kochen. Das Kochwasser abgießen und die Kartoffeln sofort durch die Kartoffelpresse drücken.
- Kartoffelbrei mit Muskat würzen und mit den pürierten Maronen vermischen. Das Mehl und den Grieß unterziehen, sodass ein glatter Teig entsteht. Falls notwendig, den Teig mit noch etwas Salz abschmecken.
- Den Teig in vier Portionen teilen. Jede Portion auf der gut bemehlten Arbeitsfläche zu einer Rolle von etwa 40 cm Länge formen.

- Die Rollen in jeweils etwa 2 cm breite Stücke schneiden. Diese zu kleinen Bällchen formen und zwischen den Handflächen etwas abflachen. Die Gnocchi auf ein Tablett oder große Teller legen und etwa 20 Minuten ruhen lassen.
- Das Wasser mit dem Salz zum Kochen bringen. Die Temperatur reduzieren und die Gnocchi vorsichtig hineingleiten lassen. Die Gnocchi im siedenden (auf keinen Fall mehr sprudelnd kochenden) Wasser 2 – 3 Minuten garen. Sie sind fertig gegart, sobald sie an die Wasseroberfläche kommen.
- Die Gnocchi mit einem Schaumlöffel entnehmen, gut abtropfen lassen und in eine vorgewärmte Schüssel geben.

Tipp: Die Gnocchi harmonieren wunderbar mit dem gerösteten Rosenkohl mit Haselnüssen von Seite 103.

Knusprige Polenta

8 getrocknete Tomaten
250 ml kochend heißes Wasser
1 rote Zwiebel
1 – 2 Knoblauchzehen
1 – 2 EL Olivenöl
525 ml Wasser
525 ml Sojadrink oder Reisdrink
1 – 1 ½ TL Meersalz
300 g (Instant-)Polenta
4 EL fein gehacktes Basilikum
1 EL fein gehackter Oregano
1 EL fein gehackter Majoran
1 TL fein gehackter Rosmarin
1 TL mildes Paprikapulver
½ TL scharfes Paprikapulver
frisch gemahlener schwarzer Pfeffer
Olivenöl zum Braten

- Die Tomaten mit dem heißen Wasser übergießen und 15 Minuten quellen lassen. Das Wasser abgießen, die Tomaten mit den Händen leicht auspressen und fein würfeln.
- Zwiebel und Knoblauch schälen, fein hacken und im heißen Öl anschwitzen.
- Das Wasser und den Sojadrink unter gelegentlichem Rühren zum Kochen bringen. Das Salz unterrühren. Die Polenta einrühren und 1 – 2 Minuten kochen.
- Den Topf vom Herd nehmen und die Tomaten, die Zwiebel und den Knoblauch, die Kräuter und das Paprikapulver unterrühren. Mit etwas Pfeffer würzen.
- Die Polenta mit aufgelegtem Deckel 10 Minuten ausquellen lassen.

- Die Polenta etwa 1 cm dick auf ein Backblech oder ein großes Schneidebrett streichen und abkühlen lassen.
- Dann in Rechtecke oder Rauten schneiden und in reichlich Olivenöl von beiden Seiten in der Pfanne braten, bis sie schön braun und knusprig ist.

Tipps: Decken Sie die Polenta beim Abkühlen nicht mit Frischhaltefolie ab, weil sie sonst zu weich wird.
Sehr festlich sieht es aus, wenn Sie die Polenta nicht in Rechtecke schneiden, sondern mit Plätzchenausstechern Sterne, Tannenbäume, Herzchen oder eine Form Ihrer Wahl ausstechen.

Papaya-Safran-Reis

4 Frühlingszwiebeln
2 EL Olivenöl
350 g Basmatireis
etwa 600 ml Wasser
1 Briefchen gemahlener Safran (0,1 g)
1 reife Papaya
1 – 2 EL frisch gepresster Zitronensaft
5 EL Mandelblättchen
4 – 5 EL fein gehackte krause Petersilie
Meersalz
frisch gemahlener weißer Pfeffer

❄ Die Frühlingszwiebeln in feine Scheiben schneiden und im heißen Öl anschwitzen. Den Reis hinzufügen, kurz anbraten, dann mit dem Wasser ablöschen. Den Reis unter gelegentlichem Rühren bei sehr niedriger Temperatur in etwa 20 Minuten bissfest garen.
❄ Den Safran unterrühren.
❄ Die Papaya halbieren und die Kerne mit einem Löffel entfernen. Die Papaya schälen und fein würfeln. Zusammen mit dem Zitronensaft zum Reis geben und alles nochmals gründlich erhitzen.
❄ Die Mandelblättchen und Petersilie unterziehen und den Reis mit Salz und etwas Pfeffer abschmecken.

Tipp: Das Kochen von Basmatireis erfordert etwas Fingerspitzengefühl, weil sich die unterschiedlichen Basmatisorten im Kochverhalten und in der benötigten Wassermenge unterscheiden. Es lohnt sich also, mit der gewählten Sorte und dem eigenen Topf einen Probedurchlauf zu machen und sich Garzeit und tatsächlich benötigte Wassermenge zu notieren.

Roter Mandel-Petersilien-Reis

1 mittelgroße Zwiebel
1 – 2 EL Olivenöl
300 g roter Reis
etwa 500 ml Wasser
1 TL Meersalz
1 Lorbeerblatt
100 g gehackte Mandeln
½ Bund glatte Petersilie

- Die Zwiebel schälen, fein hacken und im heißen Öl anschwitzen.
- Den Reis hinzufügen, kurz anbraten, dann mit dem Wasser ablöschen.
- Das Salz unterrühren und das Lorbeerblatt hinzufügen.
- Den Reis einmal kurz zum Kochen bringen. Die Temperatur reduzieren und den Reis unter gelegentlichem Rühren in etwa 45 Minuten bissfest garen.
- Die Mandeln und die fein gehackte Petersilie unterrühren und den Reis 4 – 5 Minuten ziehen lassen.
- Das Lorbeerblatt entfernen und den Reis servieren.

Tipps: Roter Reis ist eine Kreuzung aus wildem Reis und Kulturreis. Seine rote Farbe erhält er durch den Anbau auf tonhaltigen Böden, wie man sie zum Beispiel in den italienischen Bergregionen des Piemonts und in der französischen Camargue vorfindet. Roter Reis ist ungeschält und unbehandelt und wird daher wie Naturreis gekocht.
Anstelle der Mandeln können Sie auch gehackte Cashewnüsse oder Pekannusskerne verwenden.

Nuss-Zitronen-Amarant

1 große Zwiebel
2 EL Rapsöl
400 g Amarant
etwa 900 ml Wasser oder Gemüsebrühe
125 g grob gehackte Walnusskerne
3 – 4 EL frisch gepresster Zitronensaft
2 – 3 MSP abgeriebene Zitronenschale
½ Bund fein gehackte krause Petersilie
2 EL Olivenöl
Meersalz
frisch gemahlener weißer Pfeffer

- Die Zwiebel schälen, fein hacken und im heißen Öl anschwitzen.
- Den Amarant in ein feinmaschiges Sieb geben und kurz mit heißem Wasser abspülen. Danach zur Zwiebel in den Topf geben und unter Rühren anbraten.
- Das Wasser hinzufügen und den Amarant bei niedriger Temperatur unter gelegentlichem Rühren 30 – 35 Minuten köcheln lassen.
- Die Walnusskerne, den Zitronensaft und die Zitronenschale, die Petersilie und das Olivenöl zum Amarant geben.
- Nochmals gut 5 Minuten köcheln lassen, dann die Herdplatte ausschalten und den Amarant mit aufgelegtem Deckel in 10 Minuten ausquellen lassen.
- Vor dem Servieren mit Salz und Pfeffer abschmecken.

Tipp: Der glutenfreie Amarant ist ein Pseudogetreide, das bereits bei den Azteken, Inkas und Mayas verwendet wurde und zu den ältesten Kulturpflanzen zählt. Die kleinen, beigen Samenkörner sind wahre Powerpakete, da sie nicht nur viel Eiweiß, sondern auch wertvolle Mineralstoffe wie Kalzium, Magnesium, Eisen und Zink enthalten. Amarantkörner werden wie Hirse oder Reis bei niedriger Temperatur gekocht und sollten im Anschluss noch ein wenig ausquellen. Falls der Amarant beim Köcheln trotz Rühren am Topfboden ansetzt, geben Sie noch etwas Flüssigkeit hinzu und verringern Sie die Gartemperatur.

Semmelknödel aus dem Backofen

Für 12 kleine Semmelknödel
6 altbackene Laugenbrötchen
1 ½ – 2 TL Meersalz
500 ml heißer Sojadrink oder Reisdrink
3 Zwiebeln
2 EL Rapsöl
½ Bund krause Petersilie
75 g Weichweizengrieß
50 g (Vollkorn-)Semmelbrösel
2 EL fein gehackter Majoran
3 MSP geriebene Muskatnuss
3 – 4 MSP frisch gemahlener weißer Pfeffer
Öl für die Muffinförmchen

- Die Brötchen fein würfeln und mit dem Salz und Sojadrink in eine Schüssel geben. Gut vermischen und 20 Minuten ziehen lassen.
- In der Zwischenzeit die Zwiebeln schälen, fein hacken und im heißen Öl anschwitzen.
- Die Petersilie ebenfalls fein hacken.
- Zwiebeln und Petersilie zusammen mit den restlichen Zutaten zu den Brötchen geben, gut vermischen und 15 – 20 weitere Minuten ziehen lassen.
- Ein Muffinbackblech mit 12 Förmchen sehr gut einfetten und die Knödelmasse auf die Förmchen verteilen. Die Knödelmasse mit angefeuchteten Fingern etwas in die Förmchen drücken. Dann die Oberflächen glatt streichen.
- Die Knödel in den nicht vorgeheizten Backofen geben und die Temperatur auf 200 °C einstellen. Mit Backpapier abdecken und 20 Minuten backen. Die Temperatur auf 180 °C reduzieren und 15 weitere Minuten backen.

❄ Das Backpapier entfernen und die Knödel gut 5 weitere Minuten backen, bis die Oberflächen leicht gebräunt sind.

Tipps: Statt der Laugenbrötchen können Sie auch altbackene (Vollkorn-) Brötchen verwenden.
Falls der Bäcker Ihres Vertrauens sehr eifrig ist und große Brötchen backt, fügen Sie noch etwas heißen Sojadrink hinzu. Der Teig für die Semmelknödel sollte aber auf keinen Fall mehr flüssig, sondern gut griffig sein und vom Löffel reißen.
Die herzhaften Semmelknödel passen wunderbar zum sahnigen Pilzragout von Seite 72 und zum Grünkernbraten von Seite 54. Zusammen mit dem fruchtigen Rotkraut von Seite 108 und der feinen Bratensauce von Seite 116 wird daraus eine kleine Mahlzeit.

Süßkartoffelspalten vom Backblech

1 ¼ kg Süßkartoffeln
3 EL geröstetes Kichererbsenmehl
2 ½ EL Hefeflocken
2 TL Meersalz
3 – 4 TL mildes Currypulver
4 EL Rapsöl
1 ½ EL Rotweinessig
frisch gemahlene Chiliflocken

❄ Die Süßkartoffeln schälen, in dünne Spalten schneiden und in eine Schüssel geben.
❄ Das Kichererbsenmehl mit Hefeflocken, Salz und Currypulver vermischen. Zu den Süßkartoffeln geben und gut vermengen.
❄ Das Öl und den Essig hinzufügen.
❄ Die Süßkartoffelspalten mit Chiliflocken würzen und alles noch einmal gut vermengen.
❄ Die Süßkartoffeln auf einem mit Backpapier ausgelegten Backblech verteilen und in den nicht vorgeheizten Backofen geben. Die Temperatur auf 200 °C einstellen und die Süßkartoffelspalten etwa 60 Minuten backen, bis sie weich und leicht gebräunt sind. Dabei mindestens einmal wenden.

Tipp: Werfen Sie gelegentlich einen Blick in den Backofen, um sicherzugehen, dass die Süßkartoffelspalten nicht zu braun werden. Die tatsächliche Garzeit hängt von der Größe und Dicke der Spalten ab.

Steht der Teller auf dem Tisch,
sing ich nochmals froh und frisch:
Lustig, lustig, traleralera!

»Lasst uns froh und munter sein«
volkstümliches Weihnachtslied, Autor unbekannt

Gemüsebeilagen

Frisches Gemüse, raffiniert gebraten, geschmort oder gebacken, darf auch zum Festmahl nicht fehlen. Die bunten Portionen, die dann unsere Teller zieren, verwöhnen uns mit ihrem vorzüglichen Geschmack und ihren vielfältigen Vitaminen. Damit wir auch über die Festtage froh, frisch und lustig bleiben.

Afrikanische Brokkolipfanne

1 Zwiebel
2 – 3 EL Erdnussöl oder Rapsöl
1 walnussgroßes Stück Ingwer
½ frische rote Chilischote
4 Karotten
2 rote Paprikaschoten
500 g Brokkoli
Saft einer halben Limette
3 – 4 EL (stückige) Erdnusscreme
80 g geröstete Erdnusskerne mit Salz
75 ml Sojasahne oder Hafersahne
2 MSP gemahlener Kreuzkümmel
2 MSP gemahlener Koriander
3 EL fein gehackte glatte Petersilie
Meersalz

❄ Die Zwiebel schälen, fein hacken und im heißen Öl anschwitzen.

❄ Ingwer und Chilischote fein hacken, zur Zwiebel in die Pfanne geben und kurz anschwitzen. Karotten in Stifte schneiden, Paprika in Streifen schneiden und Brokkoli in Röschen teilen. Karotten zur Zwiebel geben, 1 – 2 Minuten kräftig braten, dann die Paprika dazugeben.

❄ Nochmals kurz scharf braten, dann Brokkoli und Limettensaft hinzufügen. Das Gemüse gut 5 Minuten schmoren, bis der Brokkoli bissfest gegart ist.

❄ Die Erdnusscreme dazugeben, schmelzen lassen und vorsichtig unter das Gemüse ziehen. Erdnusskerne, Sojasahne, Kreuzkümmel, Koriander und Petersilie dazugeben und 2 – 3 weitere Minuten schmoren.

❄ Den Brokkoli vor dem Servieren herzhaft mit Salz abschmecken.

Gebackenes Zwiebel-Pflaumen-Gemüse

6 mittelgroße Zwiebeln (etwa 700 g)
200 g entsteinte Trockenpflaumen
8 – 9 Wacholderbeeren
2 Lorbeerblätter
2 Gewürznelken
1 EL fein gehackter Thymian
1 EL fein gehackter Rosmarin
Öl für die Auflaufform
200 ml trockener Weißwein,
ersatzweise ungesüßter Apfelsaft mit 1 EL Weißweinessig
3 – 4 EL Olivenöl
1 TL Roh-Rohrzucker
Meersalz
frisch gemahlener schwarzer Pfeffer

- Die Zwiebeln schälen und achteln. Die Trockenpflaumen halbieren.
- Die Zwiebeln und Trockenpflaumen mit den leicht zerdrückten Wacholderbeeren, Lorbeerblättern, Gewürznelken sowie Thymian und Rosmarin in eine gut gefettete Auflaufform geben.
- Mit dem Weißwein übergießen und dem Öl überträufeln.
- Mit dem Zucker überstreuen und herzhaft mit Salz und Pfeffer würzen.
- Das Zwiebel-Pflaumen-Gemüse in den nicht vorgeheizten Backofen geben. Die Temperatur auf 200 °C einstellen und das Gemüse etwa 60 Minuten garen, bis die Zwiebeln weich und leicht gebräunt sind. Dabei zwei bis drei Mal vorsichtig wenden.

Geröstete Ingwer-Karotten

850 g Bundkarotten
5 EL Olivenöl
1 EL frisch gepresster Zitronensaft
1 TL Roh-Rohrzucker
1 – 2 TL Meersalz
3 – 4 MSP frisch gemahlener weißer Pfeffer
2 – 3 MSP gemahlener Kreuzkümmel
1 kleines Bund Frühlingszwiebeln
1 – 2 Knoblauchzehen
1 kirschgroßes Stück Ingwer

- Die Karotten kurz abspülen und trockentupfen. Der Länge nach in dünne Scheiben schneiden und in einer Schüssel mit 3 EL Öl, Zitronensaft, Zucker, Salz, Pfeffer und Kreuzkümmel vermischen.
- Die Karottenscheiben auf einem mit Backpapier ausgelegten Backblech verteilen und in den nicht vorgeheizten Backofen geben. Die Temperatur auf 200 °C einstellen und die Karotten in etwa 40 Minuten garen. Zum Ende der Garzeit sollten sie weich und leicht gebräunt sein.
- Die Frühlingszwiebeln in feine Scheiben schneiden. Den Knoblauch und Ingwer schälen, sehr fein hacken und kurz in 2 EL Öl anschwitzen. Die Frühlingszwiebeln hinzufügen und ebenfalls kurz anschwitzen. Sie sollten noch deutlich »Biss« behalten.
- Die Frühlingszwiebelzubereitung vorsichtig mit den gerösteten Karotten vermischen und servieren.

Tipp: Die tatsächliche Garzeit der Karotten hängt von der Dicke der Scheiben ab.

Gerösteter Rosenkohl mit Haselnüssen

1 ½ kg Rosenkohl
3 – 4 EL Olivenöl
3 EL roter Balsamessig
2 EL Roh-Rohrzucker
2 TL Meersalz
frisch gemahlener schwarzer Pfeffer
50 g Haselnusskerne

- Den Rosenkohl putzen und halbieren. In einer Schüssel mit Öl, Essig, Zucker und Salz vermischen und mit reichlich Pfeffer würzen.
- Den Rosenkohl mit den Schnittflächen nach unten auf ein mit Backpapier ausgelegtes Backblech legen und in den nicht vorgeheizten Backofen geben. Bei 200 °C etwa 35 Minuten garen, bis der Rosenkohl weich und schön gebräunt ist (die Garzeit hängt von der Größe der Rosenkohlröschen ab).
- Während der Rosenkohl gart, die Haselnusskerne in der trockenen Pfanne kurz anrösten, bis sie duften. Dann mittelfein hacken.
- Die Haselnusskerne mit dem fertig gegarten Rosenkohl vermischen und servieren.

Tipps: Damit der Rosenkohl gleichmäßig gart, sollten Sie darauf achten, dass Sie etwa gleich große Rosenkohlröschen verwenden.
Der geröstete Rosenkohl passt gut zu den Maroni-Gnocchi von Seite 88.

Geschmorter Tomaten-Fenchel

2 große Fenchelknollen
2 Schalotten
1 – 2 Knoblauchzehen
2 – 3 EL Olivenöl
150 ml trockener Weißwein,
ersatzweise Apfelsaft mit 1 – 2 EL Weißweinessig
4 Tomaten
1 EL fein gehackter Oregano
1 EL fein gehackter Majoran
½ TL fein gehackter Thymian
½ TL fein gehackter Rosmarin
3 MSP Fenchelsamen
2 – 3 EL Weißweinessig
140 g Tomatenmark
1 TL mildes Paprikapulver
5 – 6 EL Sojasahne oder Hafersahne
Meersalz
frisch gemahlener schwarzer Pfeffer

❄ Von den Fenchelknollen das Fenchelgrün – soweit vorhanden – abschneiden und fein hacken. Die Fenchelknollen vierteln. Die harten Strünke herausschneiden und den Fenchel in dünne Streifen schneiden.
❄ Die Schalotten und den Knoblauch schälen, fein hacken und im heißen Öl anschwitzen.
❄ Den Fenchel dazugeben und ebenfalls anschwitzen. Mit dem Weißwein ablöschen.
❄ Die Tomaten an den Stielansätzen kreuzförmig einschneiden und mit kochend heißem Wasser übergießen. Nach 5 Minuten das Wasser abgießen, die Tomaten häuten und mittelfein würfeln. Zum Fenchel in den Topf geben.

- ❄ Die fein gehackten Kräuter, die Fenchelsamen und den Essig hinzufügen und alles etwa 15 Minuten schmoren.
- ❄ Das Tomatenmark, Paprikapulver und die Sojasahne unterziehen und 3 – 4 weitere Minuten schmoren.
- ❄ Den Fenchel mit Salz und Pfeffer abschmecken und mit dem Fenchelgrün überstreut servieren.

Tipps: Servieren Sie diese schmackhafte mediterrane Beilage zum Miniflammkuchen von Seite 66. Zusammen mit den Zucchinirondells von Seite 24 und der knusprigen Polenta von Seite 90 wird aus den Beilagen ein komplettes kleines Menü.

Geschmorte Zucchini auf provenzalische Art

2 Schalotten
1 – 2 Knoblauchzehen
2 – 3 EL Olivenöl
800 g Zucchini
2 TL getrocknete Kräuter der Provence
15 schwarze Oliven
Meersalz
frisch gemahlener schwarzer Pfeffer

- Die Schalotten und den Knoblauch schälen, fein hacken und im heißen Öl anschwitzen.
- Die Zucchini der Länge nach halbieren und in feine Scheiben schneiden. Zu den Schalotten in die Pfanne geben und alles nochmals kurz scharf braten.
- Die Temperatur reduzieren, die Kräuter der Provence hinzufügen und das Gemüse so lange schmoren, bis die Zucchini bissfest gegart sind.
- Die Oliven entkernen, grob hacken und zum Zucchinigemüse geben.
- Alles 2 – 3 weitere Minuten schmoren und vor dem Servieren herzhaft mit Salz und Pfeffer abschmecken.

Gratinierter Chicorée im Orangensud

150 ml frisch gepresster Orangensaft
1 ½ EL Roh-Rohrzucker
6 EL Rapsöl
4 etwa gleich große Chicorée
Öl für die Auflaufform
2 EL Sherry-Essig
½ – 1 TL Meersalz
2 – 3 MSP frisch gemahlener weißer Pfeffer
4 EL blanchierte und gemahlene Mandeln
3 EL zarte Haferflocken
2 EL Hefeflocken

- Vom Orangensaft 50 ml abnehmen und zusammen mit dem Zucker und 2 EL Öl in eine große, breite Pfanne geben. So lange unter Rühren erhitzen, bis der Zucker leicht karamellisiert.
- Die Chicorée der Länge nach halbieren und die harten Strünke herausschneiden. Die Chicorée mit den Schnittflächen nach unten in die Pfanne geben und im Orangenkaramell anbraten. Dann wenden, knapp bissfest garen und anschließend in eine gut gefettete Auflaufform geben.
- Die verbliebenen 100 ml Orangensaft sowie Essig, Salz und Pfeffer in die Pfanne geben. Alles gut verrühren und etwas einkochen lassen. Den Orangesud über die Chicorée geben.
- Die Mandeln mit den Haferflocken und Hefeflocken verrühren und die Chicorée damit überstreuen. Mit den verbliebenen 4 EL Öl überträufeln.
- Die Chicorée im Backofen bei 200 °C 15 Minuten backen.
- Danach die Oberhitze einschalten und die Chicorée kurz gratinieren, bis die Mandelmasse leicht gebräunt ist.

Fruchtiges Rotkraut

Für 4 bis 6 Portionen
1 mittelgroße Zwiebel
2 – 3 EL Rapsöl
1 kleine Zwiebel
4 Gewürznelken
1 Kopf Rotkraut (etwa 1 ¼ kg)
75 ml Apfelsaft
1 großer Apfel
10 getrocknete Aprikosen
5 EL Rosinen
2 Lorbeerblätter
3 – 4 MSP gemahlener Zimt
3 – 4 EL Rotweinessig
Meersalz
frisch gemahlener schwarzer Pfeffer

❄ Die mittelgroße Zwiebel schälen, fein hacken und im heißen Öl anschwitzen. Die kleine Zwiebel schälen und mit den Gewürznelken spicken.
❄ Das Rotkraut vierteln und den harten Strunk großzügig herausschneiden. Das Kraut in feine Streifen schneiden, zur Zwiebel in den Topf geben und 2 – 3 Minuten unter Rühren kräftig anbraten. Dann mit dem Apfelsaft ablöschen.
❄ Den Apfel schälen, entkernen und fein würfeln. Die Aprikosen in feine Streifen schneiden.
❄ Apfel mit Aprikosen, Rosinen, Lorbeerblättern, Zimt und der gespickten Zwiebel zum Rotkraut geben und untermischen. Essig hinzufügen und das Rotkraut unter gelegentlichem Rühren etwa 90 Minuten schmoren.
❄ Die Lorbeerblätter entfernen und das Rotkraut, falls notwendig, mit noch etwas Essig sowie Salz und Pfeffer abschmecken.

Weißkohl auf italienische Art

1 große Zwiebel
1 – 2 Knoblauchzehen
3 – 4 EL Olivenöl
1 Kopf Weißkohl (etwa 1 ¼ kg)
½ TL Roh-Rohrzucker
3 EL weißer Balsamessig
1 Lorbeerblatt
2 – 3 MSP Fenchelsamen
½ Bund glatte Petersilie
4 EL Tomatenmark
Meersalz
frisch gemahlener schwarzer Pfeffer

- Die Zwiebel und den Knoblauch schälen, fein hacken und im heißen Öl anschwitzen.
- Den Weißkohl vierteln und den harten Strunk großzügig herausschneiden. Den Weißkohl in feine Streifen schneiden. Zur Zwiebel und zum Knoblauch in den Topf geben.
- Den Zucker zum Kohl geben und unter Rühren kräftig anbraten. Mit dem Essig ablöschen.
- Die Temperatur deutlich reduzieren und das Lorbeerblatt sowie die Fenchelsamen hinzufügen. Den Weißkohl unter gelegentlichem Rühren 15 – 20 Minuten schmoren.
- In der Zwischenzeit die Petersilie fein hacken.
- Das Tomatenmark sowie die Petersilie zum Weißkohl geben und 3 – 4 weitere Minuten schmoren.
- Vor dem Servieren das Lorbeerblatt entfernen und den Weißkohl herzhaft mit Salz und Pfeffer abschmecken.

Wirsing in Kokossauce

2 kleine Zwiebeln
1 Knoblauchzehe
1 kirschgroßes Stück Ingwer
2 – 3 EL Rapsöl oder Sojaöl
850 g Wirsing
250 ml Kokosmilch
2 EL frisch gepresster Zitronensaft
3 – 4 MSP gemahlener Koriander
2 MSP gemahlener Piment
4 EL fein gehackte glatte Petersilie
Meersalz
frisch gemahlene Chiliflocken

- Die Zwiebeln, den Knoblauch und Ingwer schälen, fein hacken und im heißen Öl anschwitzen.
- Den Wirsing in feine Streifen schneiden, zu den Zwiebeln in den Topf geben und so lange schmoren, bis er in sich zusammenfällt.
- Die Kokosmilch, den Zitronensaft, Koriander und Piment unterrühren und alles etwa 5 Minuten schmoren.
- Die Petersilie hinzufügen, den Wirsing herzhaft mit Salz und Chiliflocken würzen und vor dem Servieren nochmals etwa 2 Minuten schmoren.

Was bringt der Weihnachtsmann Johannen?
Weihnachtsmann!
Teller, Schüsseln, Näpf' und Kannen
Bringt der Weihnachtsmann Johannen!
Weihnachtsmann!

»Was bringt der Weihnachtsmann?«
August Heinrich Hoffmann von Fallersleben, 1798 – 1874

Saucen und Tunken

Ein trockener Kartoffelkloß auf dem Teller? Ein Braten ganz für sich allein? Ein Fondue oder Raclette ohne herzhaften Schmelz zum Überbacken oder die vielen kleinen Schälchen, in die man tunken und aus denen man stippen kann? Nein, das würde auch dem Weihnachtsmann nicht schmecken! Deshalb verfeinern wir die kulinarischen Gaben auf unseren Tellern, füllen unsere Schüsseln, Näpfe und Kannen mit herzhaften Saucen und Tunken. Sie sind die festlichen i-Tüpfelchen unseres Festmahls.

Goldgelbe Raclettesauce

40 g Hefeflocken
5 EL Maismehl
3 – 4 TL Senf auf provenzalische Art
1 TL weißes Sesammus (Tahin)
1 TL mildes Paprikapulver
1 TL gemahlene Kurkuma
500 ml Sojadrink oder Reisdrink
2 – 3 EL Rapsöl
Meersalz
frisch gemahlener weißer Pfeffer

❄ Die Hefeflocken sowie das Maismehl zusammen mit dem Senf, Sesammus, Paprikapulver und der Kurkuma in einen Topf geben und kalt verrühren.

❄ Den Topf auf den Herd geben und unter Rühren den Sojadrink hinzufügen.

❄ Die Sauce zum Kochen bringen und so lange unter Rühren kochen, bis sie eindickt.

❄ Das Öl unterziehen und die Sauce herzhaft mit Salz und Pfeffer abschmecken.

Tipps: Mit dieser herzhaften Sauce, die ein leichtes Käsearoma aufweist, können Sie beim Raclette von Seite 74 das Gemüse oder die Kartoffeln in den Raclettepfännchen überbacken.
Falls der (Bio-)Supermarkt Ihres Vertrauens Senf auf provenzalische Art nicht vorrätig hat, verwenden Sie stattdessen 2 TL mittelscharfen Senf plus 2 TL Tomatenmark plus 1 kleine geschälte, durchgepresste Knoblauchzehe.

Sherrysauce

1 große Zwiebel
2 – 3 EL Rapsöl
4 EL Weizenmehl (Type 1050)
100 ml süßer Sherry,
ersatzweise süßer Apfelsaft
400 ml Sojadrink oder Reisdrink
3 EL Sojasauce,
ersatzweise 2 EL Kürbiskernöl plus 2 EL Tomatenmark
2 – 3 MSP geriebene Muskatnuss
1 EL weißer Balsamessig
5 – 6 EL Sojasahne oder Hafersahne
3 EL fein gehackte glatte Petersilie
Meersalz
frisch gemahlener weißer Pfeffer

- Die Zwiebel schälen, fein hacken und im heißen Öl leicht anbräunen. Das Mehl hinzufügen und ebenfalls kurz anbräunen. Mit dem Sherry ablöschen. Unter Rühren den Sojadrink hinzufügen. So lange rühren, bis keine Klümpchen mehr vorhanden sind. Die Sauce kurz zum Kochen bringen, dann die Temperatur reduzieren.
- Die Sojasauce, Muskatnuss und den Essig unterrühren. Die Sauce 3 – 4 Minuten köcheln lassen.
- Sojasahne und Petersilie hinzufügen. Mit Salz und Pfeffer abschmecken und vor dem Servieren 2 – 3 weitere Minuten ziehen lassen.

Tipp: Servieren Sie diese feine Sauce zum Beispiel zu den Linsen-Nuss-Bällchen von Seite 62 oder zum Drei-Nuss-Braten von Seite 52. Auch die Kartoffelklöße von Seite 84 oder die Semmelknödel von Seite 96 können reichlich von dieser leckeren Sauce vertragen.

Cremige Mayonnaise

250 ml Sojadrink oder Reisdrink
4 TL Speisestärke
3 – 4 EL Sonnenblumenöl
1 – 2 EL frisch gepresster Zitronensaft
1 EL mittelscharfer Senf
1 ½ TL Johannisbrotkernmehl
Meersalz
frisch gemahlener weißer Pfeffer

- ❄ Vom Sojadrink 200 ml in einen kleinen Topf geben und unter Rühren zum Kochen bringen. Die verbliebenen 50 ml Sojadrink mit der Speisestärke verrühren.
- ❄ Sobald der Sojadrink kocht, die angerührte Speisestärke hinzufügen und so lange unter Rühren kochen, bis die Zubereitung eindickt. Den Topf vom Herd nehmen und den eingedickten Sojadrink im Kühlschrank gut durchkühlen lassen.
- ❄ Das Öl, Zitronensaft, Senf und Johannisbrotkernmehl zum eingedickten Sojadrink geben und alles mit dem Pürierstab zu einer glatten Creme verarbeiten.
- ❄ Die Mayonnaise mit Salz und etwas Pfeffer abschmecken und vor dem Servieren nochmals mindestens 15 Minuten im Kühlschrank ziehen lassen.

Tipps: Falls Ihr weihnachtliches Kalorienkonto sehr belastbar ist, können Sie nach Belieben noch 2 – 3 EL zusätzliches Öl hinzufügen, wodurch die Mayonnaise noch cremiger wird. Aber auch die »schlankere« Basisversion ist sehr lecker.
Die Mayonnaise eignet sich wunderbar als Beigabe zum Raclette von Seite 74 oder als Bereicherung der Süßkartoffelspalten von Seite 98.

Kräuterremoulade

1 Rezeptmenge cremige Mayonnaise von Seite 114
8 – 10 kleine Cornichons
3 EL fein gehackte krause Petersilie
2 EL fein gehackter Schnittlauch
2 EL fein gehackter Dill
1 TL frisch gepresster Zitronensaft
3 – 4 MSP gemahlene Kurkuma
Meersalz
frisch gemahlener weißer Pfeffer

❄ Die Mayonnaise nach Rezept zubereiten.
❄ Die Cornichons sehr fein würfeln. Zusammen mit den fein gehackten Kräutern, dem Zitronensaft und der Kurkuma zur Mayonnaise geben und unterrühren.
❄ Die Remoulade, falls notwendig, mit noch etwas Salz und Pfeffer nachwürzen und vor dem Servieren 20 Minuten im Kühlschrank ziehen lassen.

Tipps: Die Remoulade zum Raclette von Seite 74 oder zum Shabu-Shabu-Fondue von Seite 78 reichen. Sie kann aber auch die ausgebackenen Champignons im Teigmantel von Seite 16 oder die Süßkartoffelspalten von Seite 98 verfeinern.

Feine Bratensauce

1 Zwiebel
2 EL Olivenöl
½ TL Roh-Rohrzucker
5 EL Weizenmehl (Type 1050)
250 ml abgekühlte Gemüsebrühe
250 ml Sojadrink oder Reisdrink
1 Lorbeerblatt
5 – 6 EL Sojasahne oder Hafersahne
2 EL Sojasauce,
ersatzweise 1 EL Kürbiskernöl plus 1 EL kräftige Gemüsebrühe
2 EL Tomatenmark
2 EL Weinbrand oder Cognac (falls erwünscht)
2 – 3 MSP geriebene Muskatnuss
3 EL fein gehackte krause Petersilie
2 EL fein gehackter Estragon
frisch gemahlener schwarzer Pfeffer

- Die Zwiebel schälen, sehr fein hacken und im heißen Öl leicht anbräunen.
- Den Zucker hinzufügen und so lange unter Rühren braten, bis der Zucker anfängt zu karamellisieren.
- Das Mehl dazugeben und unter Rühren anbräunen.
- Die Gemüsebrühe unter Rühren in kleinen Portionen hinzufügen. So lange rühren, bis keine Klümpchen mehr vorhanden sind.
- Den Sojadrink und das Lorbeerblatt dazugeben und die Sauce einmal kurz aufkochen lassen. Die Temperatur reduzieren und die Sauce unter gelegentlichem Rühren 8 – 10 Minuten leise köcheln lassen. Das Lorbeerblatt entfernen.
- Sojasahne, Sojasauce, Tomatenmark, Weinbrand und Muskatnuss zur Sauce geben.
- Die Petersilie und den Estragon unterrühren.

❄ Mit Pfeffer abschmecken.
❄ Die Sauce vor dem Servieren 3 – 4 weitere Minuten ziehen lassen.

Tipp: Diese aromatische Bratensauce harmoniert bestens mit dem Grünkernbraten von Seite 54, dem Drei-Nuss-Braten in Blätterteighülle von Seite 52 oder mit den Maroni-Gnocchi von Seite 88. Auch die Kartoffelklöße mit Brotcroûtons von Seite 84 oder die Semmelknödel aus dem Backofen von Seite 96 werden durch diese feine Sauce erst so richtig lecker.

Japanische Sesamsauce

50 g geschälte Sesamsamen
70 ml kalte japanische Gemüsebrühe (siehe Seite 78)
1 TL Roh-Rohrzucker
5 EL Reiswein (Sake) oder trockener Sherry,
ersatzweise Apfelsaft
4 EL Sojasauce
2 ½ EL frisch gepresster Zitronensaft
1 EL mittelscharfer Senf
frisch gemahlener weißer Pfeffer

❄ Die Sesamsamen kurz in der trockenen Pfanne anrösten, bis sie duften. Danach abkühlen lassen und fein mahlen.
❄ Die Sesamsamen mit der Gemüsebrühe und dem Zucker in ein hochwandiges Rührgefäß geben und mit dem Pürierstab zu einer glatten Creme verarbeiten.
❄ Reiswein, Sojasauce, Zitronensaft und Senf hinzufügen und nochmals gründlich pürieren.
❄ Die Sesamsauce mit etwas Pfeffer abschmecken und servieren.

Tipps: Servieren Sie die Sauce als Beilage, zum Beispiel zum Shabu-Shabu-Fondue von Seite 78.
Falls Sie auf Sojasauce allergisch reagieren, können Sie diese durch 4 zusätzliche EL japanische Gemüsebrühe plus 2 EL Kürbiskernöl ersetzen. Schmecken Sie die Sauce dann mit etwas Salz ab.

Asiatische Zitronensauce

100 ml frisch gepresster Zitronensaft
100 ml Sojasauce
2 – 3 MSP fein geriebene Zitronenschale
frisch gemahlene Chiliflocken

- Den Zitronensaft mit der Sojasauce und der Zitronenschale verrühren.
- Mit Chiliflocken nach Belieben würzen.

Tipp: Servieren Sie diese frische Zitronensauce zum Beispiel zum japanischen Shabu-Shabu-Fondue von Seite 78.

Knoblauch-Kräuter-Creme

3 – 4 Knoblauchzehen (falls erwünscht, auch mehr)
150 g hochwertige, streichfähige Pflanzenmargarine
5 EL fein gehackte glatte Petersilie
1 EL frisch gepresster Zitronensaft
4 – 5 MSP abgeriebene Zitronenschale
½ TL Meersalz
3 – 4 MSP frisch gemahlener weißer Pfeffer

- ❄ Den Knoblauch schälen, sehr fein hacken und in 1 – 2 EL Margarine anschwitzen. Vor der Weiterverwendung abkühlen lassen.
- ❄ Die restliche Margarine mit abgekühltem Knoblauch, Petersilie, Zitronensaft, Salz und Pfeffer vermengen.
- ❄ Die Knoblauch-Kräuter-Creme vor dem Servieren 15 Minuten im Kühlschrank ziehen lassen.

Tipps: Die Knoblauch-Kräuter-Creme schmeckt ausgezeichnet zu knusprigem Baguette.
Sie kann auch dazu genutzt werden, das Gemüse beim Raclette zu verfeinern oder Champignons zu füllen. Näheres dazu finden Sie auf den Seiten 74 und 16.

Knoblauchtunke mit Schalotten

2 Schalotten
2 – 3 Knoblauchzehen (falls erwünscht, auch mehr)
4 – 5 EL Olivenöl
Saft einer kleinen halben Zitrone
1 TL weißes Sesammus (Tahin)
250 ml Sojasahne oder Hafersahne
½ Bund glatte Petersilie
Meersalz
frisch gemahlene Chiliflocken

- Die Schalotten und den Knoblauch schälen, sehr fein hacken und in 1 – 2 EL Öl anschwitzen. Vor der Weiterverwendung abkühlen lassen.
- Den Zitronensaft mit dem Sesammus und 3 EL Öl verrühren.
- Die Petersilie fein hacken und mit der Sojasahne zur Sesam-Öl-Mischung geben.
- Die Schalotten und den Knoblauch unterziehen und die Knoblauchtunke herzhaft mit Salz und Chiliflocken abschmecken.
- Vor dem Servieren 15 Minuten im Kühlschrank ziehen lassen.

Tipp: Servieren Sie die Knoblauchtunke zu den im Teigmantel ausgebackenen Champignons von Seite 16. Sie eignet sich ebenfalls gut dazu, Ihr Raclette von Seite 74 oder das japanische Shabu-Shabu-Fondue von Seite 78 zu verfeinern. Auch die Kombination mit der knusprigen Polenta von Seite 90 ist sehr schmackhaft.

Tomaten-Würzsauce

10 getrocknete Tomaten
250 ml kochend heißes Wasser
1 Schalotte
1 – 2 Knoblauchzehen
2 – 3 EL Olivenöl
250 ml geschälte Tomaten in Stücken
5 EL fein gehacktes Basilikum
3 – 4 EL Tomatenmark
1 EL roter Balsamessig
Meersalz
frisch gemahlener schwarzer Pfeffer

❄ Die getrockneten Tomaten mit dem kochend heißen Wasser übergießen und etwa 30 Minuten darin ziehen lassen.
❄ In der Zwischenzeit die Schalotte und den Knoblauch schälen, sehr fein hacken und in 1 EL heißem Öl anschwitzen.
❄ Die getrockneten Tomaten abgießen, dabei 50 ml Einweichwasser auffangen. Die Tomaten mit dem aufgefangenen Einweichwasser in ein hochwandiges Rührgefäß geben und mit dem Pürierstab gründlich pürieren.
❄ Die geschälten Tomaten hinzufügen und nochmals pürieren.
❄ Die Schalotte und den Knoblauch sowie das Basilikum, Tomatenmark, 1 – 2 EL Öl und den Essig unterrühren.
❄ Die Tomaten-Würzsauce mit Salz und Pfeffer abschmecken und vor dem Servieren 15 Minuten im Kühlschrank ziehen lassen.

Tipps: Diese Sauce zum Raclette von Seite 74 oder zur knusprigen Polenta von Seite 90 reichen.

Wasabi-Dip

80 g geschälte Salatgurke
2 kleine Frühlingszwiebeln
200 ml Sojasahne oder Hafersahne
1 EL frisch gepresster Zitronensaft
4 – 5 MSP Wasabi-Pulver (falls erwünscht, auch mehr)
Meersalz

❄ Die Gurke grob würfeln, die Frühlingszwiebeln in Scheiben schneiden. Gurke und Frühlingszwiebeln entweder in der Küchenmaschine oder mit einem leistungsstarken Pürierstab zu einer glatten Creme verarbeiten.

❄ Die Sojasahne, den Zitronensaft und das Wasabi-Pulver dazugeben und mit etwas Salz abschmecken.

Tipps: Wasabi ist ein sehr pikantes Würzmittel der japanischen Küche, das aus der frisch geriebenen Wurzel des Wasabi, einer japanischen Meerrettichart, gewonnen wird. Einzelne Wasabisorten sowie das daraus gewonnene Pulver können sich im Schärfegrad unterscheiden. Die im Rezept angegebene Menge ist daher nur als Richtwert zu verstehen. Dosieren Sie das Wasabi-Pulver, das Sie zur Hand haben, deshalb lieber erst vorsichtig und würzen Sie bei Bedarf nach.
Anstelle von Wasabi-Pulver können Sie auch Wasabi-Paste verwenden. Servieren Sie den Wasabi-Dip als Beilage zum Shabu-Shabu-Fondue von Seite 78 oder auch zum Raclette von Seite 74.

Zwiebel-Schnittlauch-Sauce

1 kleines Bund Frühlingszwiebeln
1 – 2 EL Olivenöl
1 Bund Schnittlauch
200 ml Sojasahne oder Hafersahne
2 – 3 EL mittelscharfer Senf
1 EL weißer Balsamessig
Meersalz
frisch gemahlener weißer Pfeffer

❄ Die Frühlingszwiebeln in feine Scheiben schneiden und im heißen Öl anschwitzen. Vor der Weiterverwendung abkühlen lassen.
❄ Den Schnittlauch fein hacken.
❄ Den Schnittlauch und die Frühlingszwiebeln mit Sojasahne, Senf und Balsamessig verrühren.
❄ Die Sauce herzhaft mit Salz und Pfeffer abschmecken und vor dem Servieren 15 Minuten im Kühlschrank ziehen lassen.

Tipps: Die Zwiebel-Schnittlauch-Sauce eignet sich gut, das Raclette von Seite 74 oder das Shabu-Shabu-Fondue von Seite 78 zu verfeinern. Sie passt ebenfalls gut zu den ausgebackenen Champignons im Teigmantel von Seite 16, zu den Kartoffel-Mohn-Püfferchen von Seite 83 oder zur knusprigen Polenta von Seite 90.

»Hast denn das Säcklein auch bei dir?«
Ich sprach: »Das Säcklein, das ist hier:
Denn Äpfel, Nuss und Mandelkern
Essen fromme Kinder gern.«

»Knecht Ruprecht«
Theodor Storm, 1817 – 1888

Desserts

Der Apfel ist ein Symbol für neues Leben. Deshalb wurde der Weihnachtsbaum früher mit polierten roten Äpfeln geschmückt. Eine Tradition, die wir heute gern wieder aufleben lassen. Doch Äpfel, Nuss und Mandelkern zieren nicht nur die geschmückte Stube, sondern auch den Festtagstisch. Zusammen mit den typischen Weihnachtsgewürzen wie Zimt, Vanille, Gewürznelken, Ingwer und Kardamom lassen sich aus Äpfeln und anderen Früchten verführerische Desserts zaubern – mit denen Sie nicht nur Knecht Ruprecht, sondern auch Ihre Lieben verwöhnen können.

Arabische Sesam-Mandel-Creme

7 – 8 EL weißes Sesammus (Tahin)
4 – 5 EL Ahornsirup
4 EL frisch gepresster Zitronensaft
2 MSP abgeriebene Zitronenschale
300 ml Sojadrink oder Reisdrink
2 TL Johannisbrotkernmehl
50 – 60 g blanchierte und gemahlene Mandeln
2 MSP gemahlener Zimt
2 TL geschälte Sesamsamen
4 EL Ahornsirup

❄ Das Sesammus, den Ahornsirup, Zitronensaft und die Zitronenschale sowie den Sojadrink in ein hochwandiges Rührgefäß geben und mit dem Pürierstab zu einer glatten Creme verarbeiten.
❄ Das Johannisbrotkernmehl dazusieben und nochmals kurz mit dem Pürierstab bearbeiten.
❄ Die Mandeln und den Zimt unterrühren.
❄ Die Creme in vier kleine Dessertschälchen füllen und mindestens 3 Stunden oder über Nacht im Kühlschrank gut durchkühlen lassen.
❄ Vor dem Servieren die Sesamsamen kurz in einem kleinen Pfännchen anrösten, bis sie duften.
❄ Jede Portion der Sesam-Mandel-Creme mit 1 EL Ahornsirup beträufeln und mit ½ TL Sesamsamen bestreuen.

Gestürzter Orangenflan

550 ml frisch gepresster Orangensaft
5 EL Roh-Rohrzucker
3 EL Orangenblütenwasser
50 g Speisestärke
1 TL Agar-Agar-Pulver
1 – 2 EL Rum,
ersatzweise Orangenblütenwasser
2 Orangen
4 – 5 EL geraspelte Zartbitterschokolade
½ TL gemahlener Zimt

- Vom Orangensaft 500 ml sowie Zucker und Orangenblütenwasser in einen Topf geben und erhitzen. Dabei so lange rühren, bis sich der Zucker aufgelöst hat.
- Die verbliebenen 50 ml Orangensaft mit der Speisestärke verrühren. Zum Saft in den Topf geben und unter Rühren zum Kochen bringen. Das Agar-Agar-Pulver hinzufügen und die Orangenzubereitung 2 – 3 Minuten sprudelnd kochen.
- Vier Kaffeetassen oder Puddingförmchen (jeweils 150 ml Inhalt) mit dem Rum ausstreichen und die fertige Orangenzubereitung auf die Tassen verteilen. (Damit sich der Flan nach dem Abkühlen gut aus der Form stürzen lässt, sollte diese immer mit etwas Flüssigkeit ausgestrichen werden. Statt Rum eignet sich auch Orangenblütenwasser oder kaltes Wasser.) Den Flan 4 Stunden oder über Nacht im Kühlschrank gut durchkühlen lassen.
- Zum Servieren die Orangen so weit schälen, dass auch die weißen Innenhäute mit entfernt werden. Danach in dünne Scheiben schneiden.
- Mit einem Messer vorsichtig am Rand der Tassen entlangfahren und die Orangenflans auf vier Teller stürzen. Mit Schokolade und Zimt überstreuen und mit den Orangenscheiben garnieren.

Birnen in Rotweinsauce mit Karamellkrümeln

450 ml trockener Rotwein,
ersatzweise roter Traubensaft
mit 2 – 3 EL Rotweinessig
3 EL Roh-Rohrzucker
1 Päckchen Bourbonvanillezucker
Saft einer kleinen halben Zitrone
1 Zimtstange
3 Gewürznelken
4 nicht zu reife Birnen

Karamellkrümel
5 Scheiben (Vollkorn-)Knäckebrot
3 EL hochwertige Pflanzenmargarine
5 EL Roh-Rohrzucker
4 EL Wasser

❄ Den Rotwein mit dem Zucker in eine breite, hochwandige Pfanne geben und erhitzen. So lange rühren, bis sich der Zucker aufgelöst hat.

❄ Zitronensaft, Zimtstange und Gewürznelken hinzufügen und den Rotwein kurz zum Kochen bringen. Die Temperatur reduzieren.

❄ Die Birnen schälen, der Länge nach halbieren und die Kerngehäuse herausschneiden. Die Birnen in den Rotwein legen und 12 – 15 Minuten leise köcheln lassen. Dabei mindestens einmal wenden. Die Birnen sollten anschließend weich sein, dürfen aber auf keinen Fall zerfallen.

❄ Die Birnen abgedeckt im Rotweinsud bei Zimmertemperatur 2 – 3 Stunden ziehen lassen.

- Danach die Birnen auf vier Desserteller verteilen. Die Zimtstange und die Gewürznelken aus dem Rotweinsud entfernen und diesen in etwa 15 Minuten um die Hälfte einkochen.
- Für die **Karamellkrümel** das Knäckebrot in einen Gefrierbeutel geben. Den Gefrierbeutel mit einer Klemme verschließen und das Knäckebrot mit dem Nudelholz fein zerkrümeln.
- Die Margarine in der Pfanne erhitzen. Den Zucker und das Wasser hinzufügen und so lange unter Rühren erhitzen, bis der Zucker karamellisiert.
- Die Knäckebrotkrümel unterrühren und die Pfanne vom Herd nehmen.
- Die Birnen zum Servieren mit dem eingekochten Rotweinsud überträufeln und mit den Karamellkrümeln bestreuen.

Bratäpfel in Chai-Gelee mit Vanille-Zimt-Sauce

4 kleine Boskop Äpfel (etwa 650 g)
Öl für die Auflaufform
Saft einer halben Zitrone
3 EL Rosinen
4 EL Roh-Rohrzucker
4 MSP gemahlener Zimt
400 ml frisch gekochter, starker schwarzer Tee mit Chai-Gewürzen (wie Anis, Fenchel, Zimt, Süßholz, Gewürznelken, Kardamom, Ingwer, schwarzer Pfeffer)
1 TL Agar-Agar-Pulver

Vanille-Zimt-Sauce
400 ml Sojadrink oder Reisdrink
100 ml Sojasahne oder Hafersahne
4 EL Roh-Rohrzucker
½ TL gemahlener Zimt
½ Vanilleschote
1 knapp gestrichener TL Johannisbrotkernmehl
3 – 4 MSP gemahlene Kurkuma (falls erwünscht)

❄ Die Äpfel schälen und die Kerngehäuse großzügig ausstechen. In eine gefettete Auflaufform setzen und sofort mit dem Zitronensaft überträufeln.

❄ Die Äpfel mit den Rosinen füllen. Mit 2 EL Zucker und dem Zimt überstreuen.

❄ Die Äpfel in den nicht vorgeheizten Backofen geben. Die Temperatur auf 200 °C einstellen und die Äpfel etwa 45 Minuten backen. Sie sollten zum Ende der Garzeit bissfest sein, jedoch auf keinen Fall zerfallen.

- Die Äpfel kurz abkühlen lassen und vorsichtig in vier Suppentassen oder große Kaffeetassen setzen.
- Den heißen Chai mit 2 EL Zucker süßen. Den Tee zum Kochen bringen, das Agar-Agar-Pulver einrühren und 1 – 2 Minuten sprudelnd kochen lassen, dann die Temperatur etwas reduzieren und 3 – 4 weitere Minuten kochen.
- Den Chai auf die Suppentassen verteilen.
- Die Bratäpfel mindestens 4 Stunden oder über Nacht im Kühlschrank gut durchkühlen lassen.
- Für die **Vanille-Zimt-Sauce** den Sojadrink mit der Sojasahne, dem Zucker, Zimt sowie dem ausgekratzten Mark der Vanilleschote und der Schote in einen Topf geben. Langsam unter gelegentlichem Rühren erhitzen. Die Temperatur reduzieren und die Sauce bei sehr niedriger Temperatur 20 – 25 Minuten auf dem Herd ziehen lassen.
- Die Vanilleschote entfernen und die Sauce zum Kochen bringen.
- Das Johannisbrotkernmehl in die Sauce sieben, gut unterrühren und die Sauce 2 – 3 Minuten kochen.
- Die Kurkuma unterrühren.
- Die Sauce in eine kleine Karaffe umfüllen und im Kühlschrank gut durchkühlen lassen.
- Die Bratäpfel sowie die Vanille-Zimt-Sauce 15 Minuten vor dem Servieren aus dem Kühlschrank nehmen und die Bratäpfel mit der Sauce servieren.

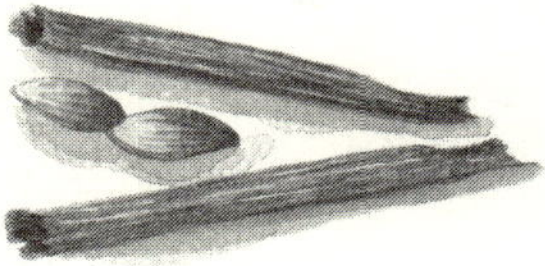

Gefüllte Feigen auf algerische Art

300 g Roh-Rohrzucker
350 ml Wasser
8 Gewürznelken
2 Zimtstangen
Saft einer Zitrone
16 getrocknete Feigen
50 g Pinienkerne
2 – 3 EL Orangenblütenwasser
2 EL fein gehackte Minze

- Den Zucker mit dem Wasser in einem breiten Topf unter Rühren zum Kochen bringen. So lange rühren, bis sich der Zucker aufgelöst hat.
- Die Gewürznelken und Zimtstangen hinzufügen und das Zuckerwasser in etwa 15 Minuten bei knapp mittlerer Temperatur zu einem Sirup einkochen.
- Den Zitronensaft hinzufügen. Die Feigen dazugeben und alles nochmals kurz zum Kochen bringen. Den Topf vom Herd nehmen und die Feigen etwa 20 Minuten im Sirup ziehen lassen.
- In der Zwischenzeit die Pinienkerne mittelfein hacken und mit dem Orangenblütenwasser vermischen.
- Die Feigen aus dem Sirup nehmen und auf einen großen Teller legen. Die harten Stielansätze abschneiden. Die Feigen an den Stielansätzen mit einem scharfen Messer kreuzförmig einschneiden und etwas öffnen. Die Pinienkernzubereitung in die Öffnungen geben.
- Die Feigen auf vier Dessertteller verteilen und jeweils mit etwas Sirup überträufeln. Mit der Minze bestreuen und servieren.

Tipps: Besonders hübsch sieht es aus, wenn Sie die eine Hälfte der Feigen mit 25 g gehackten Pinienkernen und die andere mit 25 g gehackten grünen (geschälten) Pistazien füllen. Falls weder Pinienkerne noch Pistazien zur Hand sind, können Sie auch Walnusskerne verwenden.

Kirsch-Schichtdessert mit Karamellcreme und Kaffeecreme

300 g tiefgekühlte Sauerkirschen
200 ml Kirschsaft oder Traubensaft
2 EL Roh-Rohrzucker
1 Päckchen Bourbonvanillezucker
1 TL Johannisbrotkernmehl
2 – 3 EL Rum,
ersatzweise ein paar Tropfen Rumaroma
14 Scheiben Dinkelzwieback (150 g)
Öl für die Auflaufform
4 EL Kirschkonfitüre

Karamellcreme
6 EL Speisestärke (40 g)
500 ml Sojadrink oder Reisdrink
70 g Roh-Rohrzucker
1 MSP feines Meersalz
2 EL Wasser
1 ½ EL hochwertige, schnittfeste Pflanzenmargarine

Kaffeecreme
3 EL hochwertige, schnittfeste Pflanzenmargarine
3 EL ungesüßtes Kakaopulver
2 EL Puderzucker
150 ml frisch gekochter Espresso oder Mokka
100 ml Sojasahne oder Hafersahne
1 ½ TL Johannisbrotkernmehl

4 – 5 EL geraspelte Zartbitterschokolade

- ❄ Die Sauerkirschen mit Saft und Zucker in einen Topf geben. Unter gelegentlichem Rühren zum Kochen bringen. Das Johannisbrotkernmehl in den Topf sieben, unterrühren und die Kirschzubereitung 2 – 3 Minuten kochen, bis sie eindickt. Den Topf vom Herd nehmen und den Rum unterrühren.
- ❄ Die Hälfte der Zwiebackscheiben in eine rechteckige gefettete Auflaufform geben.
- ❄ Die Kirschzubereitung darauf verteilen und glatt streichen.
- ❄ Die Kirschkonfitüre erwärmen und die restlichen Zwiebackscheiben damit bestreichen. Die Scheiben mit der mit Konfitüre bestrichenen Seite nach unten auf die Kirschzubereitung legen.
- ❄ Für die **Karamellcreme** die Speisestärke mit 5 EL Sojadrink glatt rühren.
- ❄ Zucker mit Salz und Wasser in einen Topf geben und bei mittlerer Temperatur unter Rühren zum Schmelzen bringen. Weiterrühren, bis der Zucker karamellisiert, dann die Margarine hinzufügen. Etwa 30 Sekunden weiterrühren, dann den restlichen Sojadrink dazugießen und gut vermischen.
- ❄ Die angerührte Speisestärke dazugeben, die Creme unter Rühren zum Kochen bringen und 2 – 3 Minuten kochen, bis sie eindickt. Den Topf vom Herd nehmen und die Creme auf den Zwiebackscheiben verteilen.
- ❄ Für die **Kaffeecreme** die Margarine in einem kleinen Topf zum Schmelzen bringen. Das Kakaopulver und den Puderzucker dazugeben und glatt rühren. Den Espresso und die Sojasahne hinzufügen und unter Rühren zum Kochen bringen. Das Johannisbrotkernmehl in den Topf sieben und unterrühren. Die Creme 2 – 3 Minuten kochen, bis sie eindickt.
- ❄ Den Topf vom Herd nehmen und die Kaffeecreme auf dem Dessert verteilen.
- ❄ Das Dessert mindestens 4 Stunden oder über Nacht im Kühlschrank gut durchkühlen lassen. Vor dem Servieren mit der Schokolade überstreuen.

Panna cotta mit Brombeeren und Mandelkrokant

250 ml Hafersahne
200 ml Kokosmilch
4 EL Roh-Rohrzucker
½ Vanilleschote
1 TL Agar-Agar-Pulver
50 ml Mandellikör (Amaretto),
ersatzweise Mandelsirup
3 – 4 Tropfen Bittermandelaroma
300 g tiefgekühlte Brombeeren
oder Beerenmischung mit Brombeeren
1 ½ EL gesiebter Puderzucker

Mandelkrokant
65 g Roh-Rohrzucker
2 EL Wasser
5 EL Mandelblättchen

❄ Die Hafersahne mit der Kokosmilch, dem Zucker, dem ausgekratzten Mark der Vanilleschote und der Schote in einen Topf geben und unter Rühren zum Kochen bringen. Die Temperatur deutlich reduzieren und alles 10 Minuten ziehen lassen.
❄ Die Vanilleschote entfernen und die Creme zum Kochen bringen.
❄ Das Agar-Agar-Pulver unterrühren und die Creme 2 – 3 Minuten sprudelnd kochen.
❄ Die Temperatur reduzieren und 3 – 4 weitere Minuten köcheln lassen.
❄ Den Mandellikör und das Bittermandelaroma unterrühren.
❄ Die Panna cotta auf vier Weingläser verteilen und im Kühlschrank gut durchkühlen lassen.

❄ Mindestens 45 Minuten vor dem Servieren die Brombeeren mit dem Puderzucker vermischen und abgedeckt auftauen lassen.

❄ Für den **Mandelkrokant** den Zucker mit dem Wasser in einen kleinen Topf geben und so lange unter Rühren erhitzen, bis der Zucker karamellisiert. Die Mandelblättchen vorsichtig unterrühren. So lange rühren, bis alle Mandelblättchen mit Karamell überzogen sind.

❄ Den Mandelkrokant auf einen mit Backpapier bedeckten flachen Teller geben und kurz abkühlen lassen. Danach mit einem Spatel oder stumpfen Messer vom Backpapier lösen und etwas zerkrümeln.

❄ Zum Servieren die Brombeeren auf der Panna cotta verteilen und das Dessert mit dem Mandelkrokant überstreuen.

Tipp: Falls Sie auf Alkohol verzichten möchten, ersetzen Sie den Mandellikör durch Mandelsirup. Aufgrund des hohen Zuckergehalts des Sirups sollten Sie dann weniger Zucker verwenden, als im Rezept angegeben ist.

Rumrosinen-Marzipan-Pudding mit Knusperkruste

5 EL Rosinen
4 – 5 EL Rum,
ersatzweise 5 EL abgekühlter Roibuschtee
mit ein paar Tropfen Rumaroma
150 g Marzipanrohmasse
1 Päckchen Bourbonvanillezucker
3 – 4 EL Roh-Rohrzucker
1 MSP feines Meersalz
600 ml Sojadrink oder Reisdrink
3 TL Johannisbrotkernmehl
3 EL Orangenblütenwasser
1 ½ EL frisch gepresster Zitronensaft
½ TL gemahlene Kurkuma (falls erwünscht)
80 g Roh-Rohrzucker

- Die Rosinen 30 Minuten im Rum ziehen lassen.
- Das Marzipan fein würfeln und mit Zucker und Salz sowie 200 ml Sojadrink in einen Topf geben. Unter Rühren so lange erhitzen, bis sich die Marzipanrohmasse und der Zucker aufgelöst haben. Die restlichen 400 ml Sojadrink dazugeben.
- Das Johannisbrotkernmehl in den Topf sieben und unterrühren. Die Puddingmasse kurz zum Kochen bringen. Die Temperatur reduzieren und das Orangenblütenwasser, den Zitronensaft und die Kurkuma dazugeben. Den Pudding unter Rühren 2 – 3 weitere Minuten köcheln lassen.

- Die Rumrosinen samt der Einweichflüssigkeit unterrühren und den Pudding in feuerfeste Schälchen oder Suppentassen (jeweils etwa 200 ml Inhalt) umfüllen. Mit Frischhaltefolie abdecken und im Kühlschrank sehr gut durchkühlen lassen.
- Zum Servieren den Zucker auf dem Pudding verteilen und mit einem Mini-Bunsenbrenner oder unter dem Grill beziehungsweise mit Oberhitze karamellisieren.

Schokocremetorte ohne Backen

Für 12 Tortenstücke
85 g Walnusskerne
85 g Sonnenblumenkerne
85 g Mandeln
5 Scheiben (Vollkorn-)Knäckebrot
200 g getrocknete und entsteinte Datteln
150 g entsteinte Trockenpflaumen
70 g Rosinen
3 – 4 EL Roh-Rohrzucker
200 ml naturtrüber Apfelsaft
Saft einer halben Zitrone
7 EL ungesüßtes Kakaopulver (45 g)
2 MSP feines Meersalz
½ Vanilleschote
2 TL Johannisbrotkernmehl
Rapsöl

Cremefüllung
3 große oder 4 kleine Bananen
4 EL ungesüßtes Kakaopulver (25 g)
4 – 5 EL Puderzucker
1 EL frisch gepresster Zitronensaft
1 TL Johannisbrotkernmehl

- ❄ Walnusskerne, Sonnenblumenkerne und Mandeln getrennt jeweils kurz in der trockenen Pfanne anrösten, bis sie duften. Danach etwas abkühlen lassen und im Mixbehälter der Küchenmaschine fein zerkleinern. In eine Schüssel umfüllen.
- ❄ Das Knäckebrot in Stücke brechen. In der Küchenmaschine fein zerkleinern und in die Schüssel mit den Nusskernen geben.

- Die Datteln und Trockenpflaumen jeweils halbieren. Zusammen mit den Rosinen, dem Zucker, Apfelsaft, Zitronensaft, Kakaopulver und Salz in der Küchenmaschine fein zerkleinern, sodass eine Creme entsteht. Mit dem ausgekratzten Mark der Vanilleschote und dem Johannisbrotkernmehl zu den Zutaten in die Schüssel geben. Alles zu einem glatten Teig verrühren.
- Den Teig auf eine mit etwas Öl bestrichene Tortenplatte geben und zu einem Tortenboden formen. Dabei einen etwa 2 cm hohen Rand bilden.
- Für die **Cremefüllung** die Bananen schälen, in Scheiben schneiden und mit Kakaopulver, Puderzucker, Zitronensaft und Johannisbrotkernmehl im (ausgespülten) Mixbehälter der Küchenmaschine zu einer glatten Creme pürieren.
- Die Schokocreme auf die Torte streichen.
- Die Torte vor dem Servieren abgedeckt im Kühlschrank etwa 4 Stunden ruhen lassen.

Tipps: Besonders festlich wirkt die Torte, wenn Sie sie nach der Ruhezeit im Kühlschrank mit einigen Walnusshälften garnieren und mit etwas geraspelter Zartbitterschokolade überstreuen. Reste der Torte sollten innerhalb von 2 Tagen verzehrt werden.

Schoko-Mandel-Parfait

1 reife Banane
1 Päckchen Bourbonvanillezucker
1 EL Rapsöl
400 ml Kokosmilch
3 EL Mandellikör (Amaretto),
ersatzweise Mandelsirup
3 EL Puderzucker
2 EL ungesüßtes Kakaopulver
2 TL Johannisbrotkernmehl
100 g Zartbitterschokolade
4 EL blanchierte und gemahlene Mandeln
Sonnenblumenöl
2 Kakifrüchte
Puderzucker zum Bestäuben

❄ Die Banane schälen, in Scheiben schneiden und mit Zucker und Öl mit dem Handmixer schaumig rühren.
❄ Die Kokosmilch, den Mandellikör, Puderzucker, Kakaopulver und Johannisbrotkernmehl dazugeben und alles gründlich verrühren.
❄ Die Schokolade im Wasserbad schmelzen und zur Kokosmilchmasse geben. Alles zu einer glatten Creme verrühren.
❄ Die Mandeln unterziehen.
❄ Eine gefrierfeste Kunststoffdose mit Deckel (zum Beispiel 22 × 14 cm groß) mit etwas Sonnenblumenöl ausstreichen. Die Dose mit Frischhaltefolie auskleiden. Das Parfait hineingeben, glatt streichen, den Deckel schließen und das Parfait im Gefrierfach mindestens 3 Stunden oder so lange, bis es fest ist, gefrieren lassen.
❄ Zum Servieren das Parfait mit der Folie aus der Dose lösen und in Scheiben schneiden. Die Scheiben auf Dessertteller geben und etwa 15 Minuten antauen lassen.

- Die Kakifrüchte in feine Scheiben schneiden und auf den Tellern verteilen.
- Mit etwas Puderzucker bestäubt servieren.

Tipps: Die Zeit, die das gefrorene Parfait benötigt, um nach der Entnahme aus dem Gefrierfach servierfertig zu sein, hängt auch von der Temperatur im Gefrierfach ab. Zum Servieren sollte das Parfait noch deutlich gefroren, aber an den Rändern schon zart schmelzend sein. Werfen Sie beim Auftauen also ab und zu einen Blick auf das Parfait und verkürzen Sie die Wartezeit mit zum Beispiel einem Tässchen Espresso oder einem Gläschen Orangen-Safran-Likör. Das Rezept dazu finden Sie auf Seite 150.

Kiwisorbet mit Minze

150 ml Wasser
75 g Puderzucker
1 Päckchen Bourbonvanillezucker
Saft und Schale einer unbehandelten Zitrone
2 EL getrocknete Minze
8 Kiwis
5 – 6 EL mittelfein gehackte grüne (geschälte) Pistazien

❄ Das Wasser mit Zucker, Zitronensaft und Zitronenschale in einen Topf geben, zum Kochen bringen und 1 – 2 Minuten unter Rühren kochen, bis sich der Zucker aufgelöst hat. Die Minze unterrühren und das Zuckerwasser abkühlen lassen.

❄ Sieben Kiwis schälen und grob würfeln. Dann mit dem Pürierstab pürieren.

❄ Das Zuckerwasser zu den Kiwis geben und nochmals kurz pürieren. Die Kiwizubereitung in eine flache Schüssel geben und im Gefrierfach gefrieren lassen. Dabei etwa alle 30 Minuten von den Rändern der Schüssel aus mit einer Gabel umrühren. So lange wiederholen, bis das Sorbet gefroren, aber noch körnig ist – das dauert etwa 4 Stunden.

❄ Das Sorbet auf vier Desserteller verteilen. Die verbliebene Kiwi schälen, in dünne Scheiben schneiden und das Sorbet damit garnieren. Mit den Pistazien überstreut servieren.

Tipp: Falls Sie das Sorbet zu lange (zum Beispiel über Nacht) im Gefrierfach gelassen haben und es komplett durchgefroren ist, können Sie zum Servieren wie folgt verfahren: Lassen Sie das Sorbet 10 – 15 Minuten bei Zimmertemperatur antauen und bearbeiten Sie es dann mit einem leistungsstarken Pürierstab, damit es wieder körnig wird.

Eh es verdüftet
Schöpfet es schnell,
Nur wenn er glühet,
Labet der Quell.

»Punschlied«
Johann Christoph Friedrich von Schiller, 1759 – 1805

Heiße und kalte Getränke

Lieben Sie es auch, an Weihnachten durch Wald und Feld zu stapfen? Die warme Stube für ein, zwei Stunden zu verlassen und sich den Wind gehörig um die Nase wehen zu lassen? Wenn man dann mit roter Nasenspitze und klammen Fingern wieder nach Hause kommt, tut ein würziger Apfelpunsch gut. Der sollte möglichst schnell geschöpft, da heiß genossen werden. Als Aperitif vor dem Festmahl sind dagegen eher eisgekühlte Getränke angesagt. Und ein Gläschen Likör kann manchmal sogar als Dessert dienen. Wohl bekomm's!

Apfelpunsch

5 EL Roh-Rohrzucker
1 Päckchen Bourbonvanillezucker
1 ½ l Apfelwein
1 kleiner Apfel
6 – 8 Gewürznelken
2 EL frisch gepresster Zitronensaft
Schale einer kleinen, unbehandelten Zitrone (spiralförmig abgeschält)
1 Zimtstange
2 Stück Sternanis

- Den Zucker mit 250 ml Apfelwein in einen Topf geben und unter Rühren so lange erhitzen, bis er sich aufgelöst hat.
- Den Apfel mit den Gewürznelken spicken.
- Die verbliebenen 1 ¼ l Apfelwein zusammen mit dem Apfel, dem Zitronensaft, der Zitronenschale, Zimtstange und dem Sternanis in den Topf geben und alles kurz zum Kochen bringen. Die Temperatur deutlich reduzieren und den Apfelpunsch 10 Minuten ziehen lassen.
- Apfel, Zitronenschale, Zimtstange und Sternanis entfernen und den Apfelpunsch servieren.

Tipps: Richtig festlich wirkt es, wenn Sie den Apfelpunsch mit 4 Zimtstangen zum Umrühren servieren. Noch gehaltvoller wird der Apfelpunsch, wenn Sie kurz vor dem Servieren 50 ml Calvados (französischen Apfelbranntwein) unterrühren.
Falls Sie ganz auf Alkohol verzichten möchten, können Sie anstelle des Apfelweins Apfelsaft verwenden. Da der Saft von Natur aus süßer ist als der Wein, sollten Sie die Zuckermenge reduzieren.

Klementinen-Würz-Prosecco

½ kleine unbehandelte Zitrone
1 kirschgroßes Stück Ingwer
400 ml frisch gepresster Klementinensaft
1 Zimtstange
3 Stück Sternanis
400 ml Prosecco,
ersatzweise alkoholfreier Sekt oder perlender Traubensaft

❄ Die Zitrone in Scheiben schneiden, den Ingwer schälen und ebenfalls in Scheibchen schneiden.
❄ Den Klementinensaft in einen Topf geben. Mit der Zimtstange, dem Sternanis, der Zitrone und dem Ingwer kurz zum Kochen bringen.
❄ Den Topf vom Herd nehmen, den Deckel auflegen und den Saft 60 Minuten ziehen lassen.
❄ Danach Zimtstange, Sternanis, Zitronenscheiben und Ingwerscheiben entfernen und den Saft gut durchkühlen lassen.
❄ Zum Servieren jeweils 100 ml Klementinensaft in ein Glas geben und mit 100 ml gut gekühltem Prosecco auffüllen.

Tipp: Ein schön süffiger Aperitif, der mit viel Aroma, aber nicht allzu viel Alkohol auf das Festmahl einstimmt.

Cremiger Rum-Flip

800 ml Reisdrink, Mandeldrink oder Haferdrink
2 – 3 EL Roh-Rohrzucker
½ Vanilleschote
½ TL gemahlener Zimt
2 MSP gemahlene Gewürznelken
2 MSP geriebene Muskatnuss
1 MSP gemahlener Safran
2 TL Johannisbrotkernmehl
3 EL Ahornsirup
75 ml Rum
4 MSP gemahlener Zimt

- ❄ Den Reisdrink mit dem Zucker, dem ausgekratzten Mark der Vanilleschote und der Schote in einen Topf geben. Unter gelegentlichem Rühren langsam erhitzen, dann auf der ausgeschalteten Herdplatte 15 Minuten ziehen lassen. Die Vanilleschote entfernen.
- ❄ Zimt, Gewürznelken, Muskatnuss und Safran hinzufügen. Das Johannisbrotkernmehl in den Topf sieben, dann gut unterrühren. Die Flüssigkeit unter Rühren zum Kochen bringen und etwa 2 Minuten sprudelnd kochen.
- ❄ Den Topf vom Herd nehmen und den Ahornsirup unterrühren. Den Rum-Flip in eine Karaffe umfüllen und mindestens 4 Stunden oder über Nacht im Kühlschrank gut durchkühlen lassen.
- ❄ Den Rum unterrühren und den Flip auf vier Gläser verteilen.
- ❄ Mit dem Zimt bestäuben und servieren.

Tipps: Falls Sie auf Alkohol verzichten möchten, verwenden Sie insgesamt 875 ml Reisdrink, Mandeldrink oder Haferdrink und fügen Sie ein paar Tropfen Rumaroma hinzu.

Gefrosteter Himbeer-Maracuja-Cocktail

250 g tiefgekühlte Himbeeren
500 ml Maracujanektar
100 ml Himbeersirup
3 – 4 Spritzer frisch gepresster Limettensaft

- Die Himbeeren etwa 5 Minuten antauen lassen. Danach mit dem Maracujanektar im Mixbehälter der Küchenmaschine oder mit dem Pürierstab fein pürieren.
- Den Himbeersirup hinzufügen und nochmals kurz pürieren.
- Mit dem Limettensaft abschmecken, auf vier Gläser verteilen und servieren.

Tipp: Besonders schön sieht es aus, wenn Sie diesen farbenprächtigen Cocktail in Gläsern mit Zuckerrand servieren:
Dazu 4 Limettenscheiben jeweils zur Hälfte einschneiden. Die Limettenscheibe jeweils auf den Rand des Glases setzen und vorsichtig um den ganzen Rand fahren, damit dieser mit Flüssigkeit benetzt ist. Nun das Glas umgedreht in ein Schälchen mit Zucker tunken, sodass der Rand mit Zucker überkrustet wird. Den Cocktail vorsichtig einfüllen, die Limettenscheibe auf den Rand setzen und servieren.

Orangen-Safran-Likör

Für etwa 725 ml Orangen-Safran-Likör
1 Briefchen gemahlener Safran (0,1 g)
2 EL heißes Wasser
100 g Puderzucker
150 ml frisch gepresster Orangensaft
4 – 5 MSP abgeriebene Orangenschale
2 EL Orangenblütenwasser
2 EL frisch gepresster Zitronensaft
350 ml Hafersahne
150 ml Triple sec Orangenlikör
1 TL Johannisbrotkernmehl

- Den Safran im Wasser auflösen.
- Den Puderzucker mit dem Orangensaft, der Orangenschale, dem Orangenblütenwasser, Zitronensaft und Safran verrühren.
- Die Hafersahne und den Orangenlikör hinzufügen und alles mit dem Pürierstab zu einer glatten Creme verarbeiten.
- Das Johannisbrotkernmehl dazusieben und nochmals kurz mit dem Pürierstab bearbeiten.
- Den Orangen-Safran-Likör in eine schöne Karaffe oder Flasche umfüllen und im Kühlschrank gut durchkühlen lassen.
- Vor dem Servieren noch einmal kurz umrühren.

Tipp: Im Kühlschrank hält sich der Likör 2 – 3 Tage.

Weihnachtliche Latte macchiato

1 l Sojadrink oder Haferdrink
5 – 6 EL Puderzucker (nach Belieben auch mehr)
5 – 6 EL Mandellikör (Amaretto) (nach Belieben auch mehr)
4 MSP gemahlener Kardamom
4 MSP gemahlener Zimt
etwa 260 ml frisch gekochter Espresso oder Mokka (4 × etwa 65 ml)

- Vom Sojadrink 700 ml erhitzen. Dabei den Puderzucker hinzufügen und so lange rühren, bis sich der Zucker aufgelöst hat.
- Mandellikör und Kardamom hinzufügen und die Flüssigkeit auf vier große Gläser verteilen.
- Die verbliebenen 300 ml Sojadrink erhitzen. Den Zimt hinzufügen und den Sojadrink mit dem Milchaufschäumer fest aufschäumen. Den Schaum vorsichtig auf dem heißen Sojadrink verteilen.
- Den Espresso nun portionsweise vorsichtig am Rand eines Löffels in die Gläser laufen lassen und das Getränk noch heiß genießen.

Tipps: Falls Sie keinen Alkohol verwenden möchten, ersetzen Sie den Mandellikör durch Mandelsirup. In diesem Fall sollten Sie etwas weniger Puderzucker zum Süßen verwenden.
Bitte verwenden Sie keine Reismilch, weil sich diese nicht befriedigend aufschäumen lässt.

Die Autorin

Heike Kügler-Anger wuchs im nördlichen Ruhrgebiet auf, lebte jeweils ein paar Jahre in Ostwestfalen, am Kaiserstuhl bei Freiburg sowie in Leipzig und ist nun seit gut zehn Jahren mit ihrem besten Testesser (ihrem Ehemann) sowie zwei Hunden und zwei Katzen im Odenwald heimisch geworden. In ihrer Küche mit Blick auf Wiesen, Wald und Nachbars Kühe probiert sie immer wieder neue Rezepte aus, die sie in ihren Kochbüchern und Kochkursen weitergibt.

Nicht nur zu Weihnachten liebt sie es, durch die heimischen Wälder zu streifen und sich an den vielen natürlichen Tannenbäumen zu erfreuen. Und manchmal geschieht es ganz unverhofft, dass sie dabei auf Fuchs, Dachs, Reh oder auch Wildschwein trifft. Die Momente, in denen jeder, ob Mensch oder Tier, kurz innehält, den anderen begutachtet und dann weiter seines Weges zieht – das sind für die Autorin die kleinen Wunder dieses Lebens. Nicht nur, aber ganz besonders in der Weihnachtszeit.

Von Heike Kügler-Anger sind im pala-verlag bereits erschienen:

- Vegetarisch kochen – französisch
- Milchfrei und schnell gekocht
- Käse veganese
- Cucina vegana
- Vegetarisches fürs Fest
- Vegan unterwegs
- Frisch aufgegabelt – Nudeln vegan
- Vegetarisches aus der Klosterküche

Rezeptindex

Köstliches zum Fest

Herbert Walker:
Vollwertige Weihnachtsbäckerei mit Pfiff
ISBN: 978-3-89566-246-1

Angelika Eckstein:
Vegane Weihnachtsbäckerei
ISBN: 978-3-89566-275-1

Lena Brorsson Alminger:
Vegetarische Jul
ISBN: 978-3-89566-245-4

Heike Kügler-Anger:
Vegetarisches fürs Fest
ISBN: 978-3-89566-265-2

Veganes aus aller Welt

Angelika Eckstein:
Vegan backen
ISBN: 978-3-89566-239-3

Heike Kügler-Anger:
Vegan unterwegs
ISBN: 978-3-89566-264-5

Heike Kügler-Anger:
Cucina vegana
ISBN: 978-3-89566-247-8

Abla Maalouf-Tamer:
Vegane Köstlichkeiten – libanesisch
ISBN: 978-3-89566-284-3

Vegan genießen!

Heike Kügler-Anger:
Frisch aufgegabelt – Nudeln vegan
ISBN: 978-3-89566-281-2

Alexander Nabben:
Tofu vegan
ISBN: 978-3-89566-283-6

Suzanne Barkawitz:
Vegan genießen
ISBN: 978-3-89566-266-9

Heike Kügler-Anger:
Käse veganese
ISBN: 978-3-89566-237-9

Gesamtverzeichnis bei:
pala-verlag • Postfach 11 11 22 • 64226 Darmstadt • www.pala-verlag.de

ISBN: 978-3-89566-295-9

Rheinstraße 35, 64283 Darmstadt
www.pala-verlag.de

Illustrationen und Umschlaggestaltung: Sabine Metz
Lektorat: Angelika Eckstein

Druck: fgb • freiburger graphische betriebe
www.fgb.de
Printed in Germany

Dieses Buch ist klimaneutral produziert.

Print CO2 kompensiert
Id-Nr. 1111773